每句话都值钱

优势谈判的35个沟通模型

卢 山 著

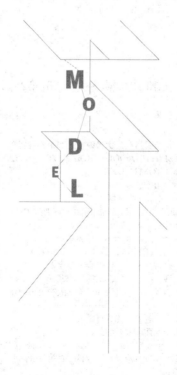

中国水利水电出版社

www.waterpub.com.cn

·北京·

内 容 提 要

　　这是一部帮助读者在短时间内快速提高谈判技巧，实现沟通变现的商务沟通类书籍。作者在书中总结了35个高效实用的沟通模型，每个都源自作者丰富的职场经验，生动的案例、详细的指导以及实用的建议，能有效地帮助读者突破低效沟通的屏障，最大程度地展现己方优势，达到高效沟通、赢得谈判主动权的目的。

图书在版编目（ＣＩＰ）数据

　　每句话都值钱 : 优势谈判的35个沟通模型 / 卢山著
. -- 北京 : 中国水利水电出版社，2020.12（2021.7重印）
　　ISBN 978-7-5170-9209-4

　　Ⅰ. ①每… Ⅱ. ①卢… Ⅲ. ①商务谈判 Ⅳ.
①F715.4

　　中国版本图书馆CIP数据核字(2020)第232526号

书　　　名	每句话都值钱：优势谈判的35个沟通模型 MEI JU HUA DOU ZHIQIAN: YOUSHI TANPAN DE 35 GE GOUTONG MOXING
作　　　者	卢 山 著
出版发行	中国水利水电出版社 （北京市海淀区玉渊潭南路1号D座　100038） 网址：www.waterpub.com.cn E-mail：sales@waterpub.com.cn 电话：（010）68367658（营销中心）
经　　　售	北京科水图书销售中心（零售） 电话：（010）88383994、63202643、68545874 全国各地新华书店和相关出版物销售网点
排　　　版	北京水利万物传媒有限公司
印　　　刷	唐山楠萍印务有限公司
规　　　格	146mm×210mm　32开本　10.75印张　212千字
版　　　次	2020年12月第1版　2021年7月第2次印刷
定　　　价	49.80元

Part One 第一部分

一切问题都是沟通的问题

Part Two 第二部分

让你的每一句话都值钱

Part Three 第三部分
优势谈判的 35 个沟通模型

Part Four 第四部分

沟通无处不在，价值无可取代

Part One 第一部分

一切问题都是沟通的问题

沟通能解决问题，亦能制造危机。如何使用沟通这个工具，是摆在每个人面前的课题。掌握好沟通这个"器"，沟通就可以无往而不"利"。

沟通翻车，问题到底出在哪儿？

说话本身就是人与人沟通的基本形式。其重要的沟通形式除了我们日常的聊天，还包括商务谈判、吸引融资、申请预算、求职面试，等等。在这些沟通场景中，是把对方说笑了还是说恼了，结果显然是不同的，甚至是大相径庭的。

比如，你在与合作伙伴谈一笔生意。把对方说笑了的结果可能是，不仅谈成了生意，还交了个对自己的事业发展很有帮助的朋友。而如果把对方说恼了，轻则可能直接搞砸了一桩生意，重则你们从此一刀两断，老死不相往来。

再比如，你向老板申请一笔预算。把老板说笑了的结果可能是，你不仅拿到了预算，还得到了老板的赏识。而把老板说恼了，其结果不仅是预算泡了汤，还惹怒了老板，从此升职加薪很可能与你无缘。

还比如，你在和一个强势的客户谈一单大生意。这单生意对你们公司和你个人都非同小可。是谈笑间愉快地签约，还是惹恼了金主以后自己和公司哭着"吃土"，这绝对是个不容忽视的问题。

……

普林斯顿大学在对一万份人事档案进行分析后发现：智慧、专业技术、经验，这三者只占人成功因素的25%，其余75%的因素则取决于良好的人际沟通。然而不幸的是，很多人并不善于沟通，更很少意识到沟通的重要性。

哈佛大学调查结果显示：在500名被解聘的员工中，因人际沟通不良而导致工作不称职者竟占82%……

现实中，因为各种主观原因，比如自身没有经过专业的学习和培训，缺乏同理心和沟通的技巧，不重视，心不在焉；或者受各种客观因素的影响，比如：环境的干扰，语言文化上的差异，信息传递失真等，导致一方觉得自己是"秀才遇上兵，有理说不清"，另一方的感受则是"话不投机半句多"的情况比比皆是。想想看，在这种情况下还能达成什么交易？又怎么能达成交易？

看看下面这些"都是沟通惹的祸"的场景，你是否觉得很熟悉？

案例一　人身攻击

同事A找到同事B，试图通过当面沟通找到问题的症结并且妥善解决它。

两个人都是与问题相关的当事人，结果沟通来沟通去，逐渐将争论的焦点归集到"到底是谁导致了这个问题的发生"这件事上：A说主要原因在B，是B没有按流程办事，而B则说是因为A执行力不足。最后问题不但没有得到解决，A和B还开始互相指责，吵到不可开交，险些当着同事的面大打出手，最终不欢而散。

案例二　文不对题

一次面试中，面试官问面试者："你平时是怎么学习充电的？"

大概面试者对于这个问题准备得很充分，于是很愉快地打开了话匣子："我觉得学习充电对于职场人非常重要，因为……"

可想而知，面试者没有听清楚面试官的问题，没有将问题的核心聚焦在"怎么学习充电的"这个问题上，而是一头扎进了"为什么学习充电是重要的"这个"坑"，并且一时半会儿又没有爬出来。而面试官则由开始的等待，慢慢地到有点焦虑，逐步变得不耐烦起来，脸色也越来越难看。

最后的结果可想而知了。

案例三　理解差异

当你和你的老板沟通时，你觉得你能对他的话理解到多少？50% 和 80% 可能导致完全不同的结果。

比如你的老板对你说："小张，你既有个性，又有想法。"这是在夸你吗？大概率不是。老板说这话的时候，其意思大抵是："你既听不进去我的建议，也听不进去别人的建议。这样下去的话……"

而当老板说类似下面的话的时候，你们的理解会有差异吗？无差异顺风顺水，有差异则寸步难行。

1."方案A不错，不过你是否也可以考虑一下方案B？"实际的意思是：方案A被否了，选方案B吧！

2."以后不用请示我了，你看着办就行了。"实际的意思是：我不在乎过程，我只要结果。

3."你的表现还行，不过还有提高空间。"实际的意思是：我不希望你透支未来，最好先聚焦现在。比如，先把手头的事情做好！

4."你很有潜力，但是现在时机还不成熟。"实际的意思是：现在提要求有点儿早，先把业绩做出来，顺便向我证明你的潜力。

5."这件事要不你再考虑一下？"实际的意思是：你的提议我不接受！再说多少也没用。

6."我再想想，你也再想想。"实际的意思是：这个不是我想要的。

7."有个事情你能不能考虑做一下？"实际的意思是：这件事情非你莫属了。

8.老板只是看着你但是不说话，或者只看着你的PPT，嘴里只作"哦""噢""嗯""好"这种一个字的回应。实际的意思是：我对你汇报的内容不感兴趣，或者我对你给出的结果不满意。这种时候，赶紧闭嘴绝对是上策。

案例四 信息失真

有一次团建活动，我们玩一个叫"信息接力棒"的游戏，8

个人一组站成一排，编号为1—8，每个人之间都隔开大约一米的距离。游戏规则是：主持人告诉1号一段信息，他不可以记录或者提问，然后他走过去告诉2号，且不可以让其他人听到信息的内容。然后2号告诉3号，3号告诉4号，以此类推……直到7号告诉8号。8号的任务是要当众公布信息的内容。

那次1号从主持人处得到的信息是："老板让我告诉你，这个项目至关重要，决定了公司的这方面业务能否健康地发展下去。只要利润超过5%，就要不惜一切代价地拿下！有什么问题可以随时找他。"

结果传到8号，变成了："老板说了，这个项目决定了公司的生死存亡，必须不惜一切代价地拿下。就算不赚钱也值得。关键是要赢！"

你看，这条信息传递到最后，完全变了味儿。而商场如战场，假如把这个事件放在真实的场景中，这条信息的杀伤力有多大，简直不可想象！

为什么看似简单的一段话经过几个人的传递就完全变了样？这是因为，一方面，每个人在听的过程中都可能或多或少地漏掉了一些信息——有意的或者无意的；另一方面，每个人在传递信息的时候，都可能不自觉地在其中加入自己的理解，于是随着传递链条不断加长，信息也越来越偏离了它本来的意思。

　　因为沟通惹的祸这样的案例不胜枚举。虽然其原因各式各样，比如，有的是语言的问题，有的是理解的问题，还可能有逻辑的问题、关注点的问题，或者信息传递失真的问题，等等。但是结果都是一样的：沟通不利导致双方没有达成共识，并最终影响了结果。

你有多善于沟通，就能走多远

沟通的目的是为了解决问题。

古往今来，很多名人都认识到了沟通的意义和价值，并且不断地修炼和运用它。

案例一　代代相传的家训

美国石油大王洛克·菲勒曾经说："假如人际沟通能力也是如同糖或咖啡一样的商品的话，我愿意付出比太阳底下任何东西都珍贵的价格购买这种能力。"

洛克·菲勒是地球上第一个亿万富翁，也是美国历史上除君主外最富有的人。他都这样讲，足以证明沟通是多么有价值！

洛克·菲勒家族到现在已经有两百多年的历史了，这皆得益于洛克·菲勒家族对子女教育的重视和投入。比如，洛克·菲勒把自己最看重的优秀品格与独特思想写成了一封封信，于是也就有了畅销书《洛克·菲勒留给儿子的 38 封信》。作为家训，洛克·菲勒家族的每一代人从小就要阅读他的这些信件，这也促使他的每一代子孙都非常优秀，是真正的贵族。而这些信件其实也是一种独特的沟通方式，这样的沟通对于洛克·菲勒家族来说，又无疑具有非凡的意义。

案例二　靠沟通力打天下

著名的人际关系学大师戴尔·卡耐基曾经说过："现在的成功人士，有 80% 以上是靠沟通力打天下的。"

作为美国 20 世纪最伟大的成功学大师、著名的企业家、教育家和演讲艺术家，卡耐基在经济不景气、地位不平等、战争频发等因素逐渐磨灭人们追求美好生活的希望与信心之时，以他对人性的洞见，利用大量普通人不断努力取得成功的故事，通过他的演讲和著作唤起了无数陷入迷惘中的人们的斗志，激励着他们取得了成功。

没有人是随随便便成功的。卡耐基是如何靠着沟通力打天下的？

1904 年，卡耐基就读于密苏里州华伦斯堡州立师范学院。那时的他，因家境贫寒，整天被各种各样的烦心事困扰着，他一直试图摆脱现状，却始终未能如愿。直到有一天，卡耐基发现学院举办的辩论赛非常吸引人，辩论赛中获胜者的名字不但会被广为人知，还会被视为学院里的英雄人物。

卡耐基敏锐地意识到，这是成功和成名的最好机会。然而他并没有演说天赋，参加了 12 次比赛，屡战屡败。直到1906年，在卡耐基坚持不懈的努力下，他的一场以"童年的记忆"为题的演说，获得了勒伯第青年演说家奖。

这是卡耐基的第一次成功尝试，从那儿以后，他越发确定了自己今后该走的路。1908年，卡耐基仍然很贫穷，但与两年前刚进入师范学院时已有天壤之别了——他成了全院的风云人物，在各种场合的演讲赛中大出风头，全院的师生对他刮目相看。但他并没有止步于此，他开始走出学院去扩大自己演讲的影响力……

卡耐基总结的一个与人沟通的诀窍就是："真诚地赞美和感谢别人，谈论让别人感到愉悦的事情。这样，你就有可能让任何人去做任何事。"

有一次，卡耐基在纽约的一家邮局寄信，他发现处理挂号信件的职员在为自己办业务时很不耐烦。于是，卡耐基看着他，很诚恳地对他说："你的头发太漂亮了。"那人抬起头来，有点儿惊讶，但脸上却露出无法掩饰的笑容，说："哪里，远不如从前了。"卡耐基继续对职员说："这是真的，简直像年轻人的头发一样！"职员高兴极了，很快帮卡耐基办完了手续。当卡耐基准备离开的时候，职员又对卡耐基说："许多人都问我究竟用了什么秘方，其实它是天生的。"

你看，卡耐基通过真诚地赞美这个职员，不仅顺利地完成了自己要做的事，而且很好地激励了那个职员。这正是这次沟通的意义和价值。

案例三　沟通是成功的真正关键之一

沃尔玛的创始人萨姆·沃尔顿曾说过："如果你必须将沃尔玛

管理体制浓缩成一种思想，那可能就是沟通。因为它是我们成功的真正关键之一。"

萨姆·沃尔顿认为：沟通就是为了达成共识，而实现沟通的前提就是让所有员工一起面对现实。让员工们了解公司业务进展情况、与员工共享信息，是让员工最大限度地干好其本职工作的重要途径，是与员工沟通和联络感情的核心。而沃尔玛也正是借用共享信息和分担责任，适应了员工的沟通与交流需求，达到了自己的目的：使员工产生责任感和参与感，意识到自己的工作在公司的重要性，感觉自己得到了公司的尊重和信任，进而积极主动地努力争取更好的成绩。

通过不同的沟通途径，沃尔玛让所有员工共同掌握公司的业务指标：

1.在任何一个沃尔玛商店里，都定时公布该店的利润、进货、销售和减价的情况，并且不只是向经理及其助理们公布，也向每个员工、计时工和兼职雇员公布各种信息，鼓励他们争取更好的成绩。

2.每次股东大会，公司都尽可能让更多的商店经理和员工参加，让他们看到公司全貌，做到心中有数。

3.萨姆·沃尔顿在每次股东大会结束后，都和妻子邀请所有出席会议的员工约 2500 人到自己的家里举办野餐会，在野餐会上与众多员工聊天，大家一起畅所欲言，讨论公司的现在和未来。

4.为保持整个组织信息渠道的通畅，他们还与各工作团队

的成员全面注重收集员工的想法和意见，通常还带领所有人参加
"沃尔玛公司联欢会"等。

看到这儿，你可能会问了："怎么都是老外的故事啊！"

其实关于沟通，我们国家的经典故事就更多了。

战国时期的张仪，凭借其智慧和口才，成功破解六国合纵之
术，让秦国化险为夷；三国时期的诸葛亮，危急时刻出使东吴，
舌战群儒后说服孙权与刘备的蜀国联合抗击曹操；中华人民共和
国成立之初，周恩来总理回答国外记者和领导人的一些刁钻的、
不怀好意的问题时展现出来的高超的智慧和沟通技巧连对手都不
得不佩服。

……

松下幸之助有句名言："企业管理过去是沟通，现在是沟通，
未来还是沟通。"而沟通就是为了达成共识，解决问题。

这就是沟通的意义和价值。

高效沟通的 N 种秘密武器

人们在沟通中遇到的各种问题，归根结底都是由于不恰当的沟通形式和沟通方法造成的。

一般来说，形式包括方法，这是从定性的角度说的；从定量的角度，方法可以是多种多样的，而形式则是有限的、约定俗成的几种。形式和方法都可以随着社会的变化而发生变化，只是在量级上，方法总是多于形式。

沟通形式是指沟通所采用的方法和样式，它更加抽象，更偏战略性。比如，它包括但不限于语言沟通和非语言沟通，正式沟通和非正式沟通，直接沟通和间接沟通，面对面沟通和非面对面沟通，等等。

语言沟通和非语言沟通

语言沟通包括口头沟通和书面沟通。

非语言沟通则包括

1. 身体语言沟通：通过眼神、面部表情、手势、肢体动作、服饰等表达意图。

2. 副语言沟通：通过音量、音调、重音、声调、喜怒哀乐、停顿来表达意愿。

3. 物体的操纵：通过物体运用和环境布置表达意图。

一般来说，沟通是由 35% 的语言沟通和 65% 的非语言沟通组成的，所以两者结合起来的沟通效果是最好的。但是在现实生活中，我们常常遇到的是以下三类问题。

第一类：只有语言沟通而没有非语言沟通。

在拨打银行的服务电话时，你尝试过自助服务吗？如果你选择了自助服务，那么给你提供服务的大概率是一个机器人，它会准确无误地向你提供信息，并且解决你大部分的问题，但你的感受是怎样的？大多数情况下这种沟通的效果是不怎么样的吧？！

因为缺乏非语言沟通，这让你无法判断对方的情绪，是高兴？是生气？是兴奋？还是忧郁？因为无法判断对方的情绪，你就无法和对方同频，也因此，沟通就变得索然无趣了。

第二类：只有非语言沟通而没有语言沟通。

综艺节目里常做的"做动作，猜成语"这个游戏就是典型的只有非语言沟通而没有语言沟通的实例。大家都知道，在这种游戏中，除了极少数非常有默契的组合，大多数组合的表现都令人啼笑皆非，因为每个组合给出的答案常常不是张冠李戴，就是完全不着边际。其根本原因就是，非语言沟通虽然有形式上的联结，但却因为缺乏语言沟通而造成沟通双方的理解差异，进而导致表达不精准，那么最后造成误解也就难以避免了。

第三类：语言沟通和非语言沟通缺乏一致性。

你能想象一个人一边摇着头，一边说"好的"吗？对于中国人来说，这是典型的语言沟通和非语言沟通缺乏一致性，因为摇头意味着"不，不好"。

对于两者缺乏一致性的情况，我们常常形容为"言不由衷""口是心非""口蜜腹剑"……结果可能会给人造成"这个人不靠谱、不值得信赖"的印象。

正式沟通和非正式沟通

什么是正式沟通和非正式沟通？

所谓正式沟通，一般是指在组织系统内，依据组织明文规定的原则进行的信息传递与交流。例如组织与组织之间的公函来往、组织内部的文件传达、召开会议、上下级之间的定期信息交换等。相比非正式沟通，正式沟通常常伴随着的仪式感，更有助于产生持续的绩效。

比如公司一年一度的供应商大会、每个季度召开的全员大会、每个月的团队绩效回顾会，等等，它在很大程度上保证了我们贯彻、执行、落地目标的一致性、节奏性，并有助于及时发现问题和解决问题。相比非正式沟通来说，正式沟通提供了任何公司都不容忽视的、特定的、关键的优势，它精确性更高，可靠性更大。

非正式沟通，是指在正式沟通渠道以外信息的自由传递与交流。非正式沟通和正式沟通不同，因为它的沟通对象、时间及内容等各方面，都是未经计划和难以辨别的，但是它的速度却很快，效率也很高！而我们正处在"VUCA"时代，中文发音为"乌卡"，是指我们正面对着一个 Volatility（易变）、Uncertainty（不确定）、Complexity（复杂）和 Ambiguity（模糊）的世界，而要想解决问题，速度和结果就变得尤为重要。

在相当大的范围内，非正式沟通的发展也是有利于决策对于信息的需要。非正式沟通较正式沟通具有较大弹性，它可以是竖向流动、横向流动、斜向流动，一般也比较快捷。在许多情况下，来自非正式沟通的信息反而更易获得接收者的重视。由于这种信息一般以口头方式传递，不留证据、不负责任，许多不愿意通过正式沟通传递的信息，很可能在非正式沟通中被透露。

举个例子。有一次，我们的工厂所在地绵阳连续遭受暴雨，影响到了我们正常交付货物，而我恰巧在欧洲开会，显然无法召开正式会议。于是我毫不犹豫地在微信里建起了一个临时工作组，将绵阳工厂厂长、总部物控负责人、总部采购负责人、物流负责人以及绵阳工厂采购负责人召集在一起，了解情况，制定应对措施。几个小时后，情况了解清楚了，慰问函发出并收到了供应商的回复，人员、物资、生产及送货也均得到了妥善安置。于是，一个既重要又紧急的事情用这种非正式的沟通方式得到了完美的解决。

所以，在具体场景中，我们要因地制宜地选择合适的沟通方式，目的只有一个：以最快的速度高质量地解决问题！

现实中，我们可以从以下两个方面更好地利用正式沟通和非正式沟通。

一方面，如何兼顾正式沟通和非正式沟通，而不让自己陷入鱼与熊掌不可兼得的困境？这主要是根据事情的性质和紧急程度来决定的。比如，重要又紧急的事，大多数会采用正式沟通＋偶尔采用非正式沟通（比如在微信里拉个临时工作群，立刻解决问题）。紧急而不重要的事则大多采用非正式沟通。

另一方面，我们也应该考虑如何更有效地利用非正式沟通，让它们在某种场景下产生正式沟通的效果。例如，你临时找一位同事讨论工作（这通常不被认为是正式沟通），这期间你们讨论了一些重要的问题并达成了一些一致意见。此时该如何让这个非正式沟通产生正式沟通的效果呢？我的建议是：在事先告知对方的情况下，发一封正式的电子邮件，罗列出你们谈到的重点、达成一致的事项，以及下一步的行动方案（3W2H——What什么，When 何时，Who 谁，How 怎么做，How much 需要多少资源），并抄送给相关人员。这样就能统一大家的认识，让大家了解事情的进展并各司其职地开展工作，最终达到正式沟通的效果。

直接沟通和间接沟通

案例一

A和B因为一些事闹矛盾了。

要解决这个矛盾，有两个选择。

1. 直接沟通。A或者B找到对方直接沟通，把事情说明白，化干戈为玉帛。

2. 间接沟通。A或者B由于种种原因不想直接沟通，而是希望第三者从中斡旋，帮他们解决问题。如果是工作层面的，他们可能会找各自的上级领导来帮忙；如果是其他层面的，他们则可能会找双方都认识的朋友。

案例二

你带着你家的小朋友去逛街。他想买一个玩具，而你觉得家里的玩具已经足够多了，有几个甚至还没拆封，因此没有给他买。他很不高兴，已经一天多不跟你说话了。你计划如何解决这个问题？是亲自上阵（直接沟通）还是搬出亲友团（间接沟通）？

世界上没有"一招鲜，吃遍天"的沟通方式，因为直接沟通和间接沟通对于解决问题各有优劣。

1. 直接沟通。

优点：直观真实；简单明了；速度快；效率高。如果是面对面沟通，还可以察言观色。

缺点：因为是"短兵相接"，因此没有缓冲余地，容易受情绪影响，因此更适合关系比较熟且问题尚未达到白热化的情形。

2.间接沟通。

优点：有回旋的余地，语言、观点可以组织得相对系统化；由于战线可以拉得比较长，因此情绪更容易得到控制；且中间人的能力或许可以弥补自己在某些能力方面的不足。

缺点：缺少直观的情感交流，效率低；或者有可能根本无法解决问题。

面对面沟通和非面对面沟通

面对面沟通和非面对面沟通的优劣对比如下。

1.面对面沟通。

优点：真实，拉近距离（很多误会可由此解开）；便于说明复杂问题；沟通效率高。

缺点：无记录（这个有解）；多人沟通时效率可能较低；一旦陷入僵局回旋余地较小。因此，面对面沟通时心态一定要平和，以解决问题为目的，对事不对人。

2.非面对面沟通。

通过语音（包括但不限于电话，语音等）沟通；通过文字，比如邮件、微信等社交软件沟通；通过动画表情沟通（我确认没说错）。

①语音沟通（以电话为例）。

优点：即时、有效；沟通效率较高；适合解决紧急但不太重要的问题。

缺点：不利于传达微妙的情感；特别复杂的问题仍不容易说清楚；有可能引起误会。

②文字沟通（以微信为例）。

优点：沟通方便；截图、发送文件方便；可多人同时对话；适合解决争议不大的问题。

缺点：容易被忽略；一些复杂的问题很难描述清楚；容易产生误解；不利于解决争议；过于随意，不适合说重要且紧急的问题。

由此可见，面对面的沟通方式无疑还是最有效的。

我以前有一个老板是个美国人。谈到沟通方式，他的一句口头禅是："伙计们！拿起电话打给你的同事，或者跟他们面对面开会。不要只是躲在电脑后面发邮件，却认为这样能有效地解决问题。"

需要注意的是：面对面沟通之后，事情并没有结束，一个关键的步骤绝不能省：将谈话的内容、达成的协议等写成会议纪要或者备忘录，然后发给与会人员（视情况而定，可以只发给一些特定的人或者所有人）。

这样做的目的有三个。

第一，"好记忆不如烂笔头"。会议纪要或者备忘录能够帮你记录信息以备将来引用或者查看。当然，在这个数字化时代，如果你能把它记录在一个可以跨设备甚至是跨平台使用的笔记本应用中，那么无论何时何地都可以随时调用，就会非常方便。

第二，将会议纪要或者备忘录发给与会人员不仅能彰显你做事的专业程度，更重要的是可以统一大家的思想和认识。尤其是能将在会议中形成的结论、达成的协议以及相应的行动方案、责任人、完成日期等诸多信息公之于众，更利于执行会议上达成的决议，同时也可以凭此追踪事后的执行情况。此外，这种做法其实也是一种潜在的领导力，因为这会让大家感觉是你在牵头做事。

第三，必要的时候，书面的会议纪要或者备忘录可以作为证据（包括但不限于法律证据）。这在真正需要的时候会非常有帮助。

"冰山式沟通"

著名心理治疗师维吉尼亚·萨提亚在弗洛伊德心理研究的基础上提出了"冰山理论"。萨提亚的"冰山理论"是指：一个人的"自我"就像一座漂浮在水面上的巨大冰山，能够被外界看到的行为表现或应对方式，只是露在水面上很小的一部分，而隐藏在水面之下更大的山体，则是长期受压抑并被我们忽略的"内在"。揭开冰山的秘密，我们才能看到生命中的渴望、期待、观点和感受，看到真正的"自我"。

萨提亚曾描述过这样一个现象：在人群中，无论人们的真实感受和想法如何，总有 50% 的人回答"是"（讨好型）；30% 的人回答"不是"（指责型）；15% 的人既不回答"是"，也不回答"不是"，也不会给出他们真实感受的任何线索（超理智型）；还有 0.5% 的人会表现得若无其事、毫无知觉（打岔型）；最后只有 4.5% 的人是真实的，他们是一致型的。

在上述 5 种沟通模式中，95.5% 的人表现出来的就是典型的"冰山式沟通"，即："所见非所得，惊吓在其后。"

仔细想想，在职场中，你遭遇过"冰山式沟通"吗？

明明你的下属告诉你一切问题都解决了，然后他开始了一周休假的模式，结果从他开始休假的第一天便出现各种状况，最后搞得一地鸡毛。

你的供应商无法及时交货，问其原因，答曰："马上可以恢复正常运营。"结果 N 天过去了，交付状况不但没有改善，而且还每况愈下。派人去现场一看：新厂房环保资质还没拿到，机器设备无法满负荷运转，工人技能尚待提高，下级物料还没备齐。

老板把你叫进办公室，斥责你最近业绩不佳："怎么搞的？你一直都说没问题、没问题，这个月是怎么回事？什么地方出问题了？"你回应："老板，情况是这样的，在过去的几个月中，订单量上涨 150%，原料价格上涨 12%，供应商处库存积压 200 万……接下来，我们需要公司给予更大的支持力度，比如更宽松的账期，预测更稳定些……"

......

关于如何避免"冰山式沟通",我有三个建议。

第一,营造良好的容错氛围,让大家敢于直言。

这个建议的核心是聚焦于问题本身和解决问题,而不是聚焦于"谁犯了错误""谁该为错误买单"。当然,这不是说大家可以随便犯错,而是首先要打造"解决问题为先"的文化。问题解决后需要总结经验教训,建立和实施纠正与预防措施机制,并将结果反映在当事人的绩效考评里。

大家需要知道的是,如果不及时反映问题,小问题就可能变成大问题,大问题最后就很可能变得不可收拾,那结果就不是简单的绩效考评打多少分的问题了。所以,有了问题,还是要根据问题性质和程度反映到相应的管理部门,以便合时、合宜地处理。

第二,多问几个"为什么"和"如何做"。

基于萨提亚提到的沟通的五种模式,即使营造了良好的容错氛围,出于人性的弱点,简单的汇报和询问可能还是无法了解事情的全貌、直击问题的核心。这时候可以多问几个"为什么"和"如何做"。这种打破砂锅问到底的模式很有效,常常可以挖出事情的真相,甚至可能猛料不断,令人震惊。

第三,"5A 心灵之旅"。

"5A"包括:Aware(觉察),Admit(承认),Accept(接受),Action(行动或改变),Acknowledgement(欣赏和感谢)。

这个是针对回答问题的人而言的。如果当事人不主动改进，则"建议一"和"建议二"都达不到预期的效果。

Aware（觉察）：察觉自己是否避免了"冰山式沟通"，描述了问题的全貌和重点；Admit（承认）：承认自己可能忽略的部分和未能涉及的重点；Accept（接受）：接受自己的过失和不完美；Action（行动或改变）：采取行动，及时准确地做纠正措施和预防措施；Acknowledgement（欣赏和感谢）：感谢自己可以及时察觉，承认、接受并采取行动。

回到本节开头，我们已经知道，沟通中的"器"除了沟通形式，还包括沟通方法。那么，何谓沟通方法呢？

其实，沟通方法就是指沟通所采取的途径、步骤和手段等，它更具体，更偏战术层面。比如，工作汇报是沟通，求职面试是沟通，晋升答辩是沟通，公众演讲是沟通，直播带货是沟通，商务谈判是沟通，电话营销也是沟通。工作中，员工向老板申请预算需要沟通，吸引投资人融资也需要沟通。以上这九个沟通场景将在本书后续部分一一得到拆解，让读者一读就懂，一看就会，即学即用，立竿见影。

Part Two 第二部分

让你的每一句话都值钱

沟通变现的本质是通过沟通使参与各方就同一个问题达成共识，并最终实现价值交换。

就像读书有三重境界一样，沟通亦有三个段位。是创造机会还是制造危机，取决于你身处哪个段位。本章我们将详细讲解有效沟通的"四件套"：说得清楚—听得明白—采取行动—收获结果。

人人都能做的沟通变现

题目乍看上去是不是有点儿不可思议：沟通还能变现？

我在通用电气工作的时候，有一年，一个项目组要去参加中国区的一个"年度项目"评选活动。因为入围的项目都有可圈可点的地方，所以现场的呈现效果成了兵家必争之地。项目经理找到我，请我帮他们打磨一下 PPT 文件，希望它的呈现既有 Power——力量，也有 Point——要点。同时我也要帮他们梳理项目介绍的步骤和话术，做到有逻辑，有重点，能打动人。

我几乎给他们的 PPT 做了一个"大手术"，从结构布局，到内容精简，到颜色方案，到字号搭配，再到标准统一。同时，我建议他们在介绍项目的时候采取"总分总"的结构，并将故事植入到"STAR"工具当中，即 Situation——背景形势，Task——任务描述，Action——采取的行动，Result——达成的结果，以便打动评委。

结果是，我辅导的这个项目最终胜出，不仅荣获"年度项目"，还拿到了 10 万元人民币的奖金。你看，沟通变现就这样华丽地实现了。

国际首席商业谈判大师罗杰·道森在他的《优势谈判》一书

中说:"全世界赚钱速度最快的就是谈判。"而谈判本质上也是一种沟通方法。所以我想说:"全世界变现效率最高的就是沟通。"这里的变现效率主要是指投入—产出比,无论是时间上的投入,还是资源上的投入。

电视剧《大秦帝国》中有这么一段,秦军大捷重创河西,魏国虽有意归还河西土地,但是却始终悬而不交。后来张仪提出"割地盟好"的谈判策略,并凭借三寸不烂之舌,不费一兵一卒,就收复了河西,还因此成了秦国相国。

电视剧《亮剑》中有几个片段也充分体现了沟通变现的魅力。

一个是李云龙因为违抗命令被撤职,被贬到被服厂当厂长。后来旅长亲自来请他出山的时候,他马上抓住机会向旅长提要求:"旅长,别给我派政委了,团长、政委我一个人干了。"旅长马上就拒绝了他。紧接着他第二个要求就来了:"既然这个不行,那就把张大彪给我调过来,这个营长我使着顺手。"这下旅长果然答应了。另外一个是李云龙找后勤部长要手榴弹。后勤部长问他要多少,李云龙开口就是五十箱。后勤部长说:"你一定是在开玩笑,战时这么紧张的条件下,怎么可能给一个独立团五十箱手榴弹?"一番讨价还价之后,压缩到了二十箱——这在当时弹药供应异常紧张的情况下,依然很多了。

《亮剑》中的这两个情节充分体现了李云龙超强的谈判沟通能力,而这为他换来的也都是"真金白银"。

从上面这几个例子我们可以看出，沟通有很多不同的场景、表现形式和载体。它可能是职位晋升中的陈述，竞选总统时的演讲，面向投资人时的路演，解救人质时的谈判；它可以是有声的、无声的、语言的、非语言的……

同样，沟通变现一词中的"现"，虽然最终都转化成了钱，但是在不同的场景中，它也有很多不同的表现形式。它可以是一次机会、一个投资、一项资源、一段时间、一种关系，等等。

好了，现在让我们回到最初的问题："为什么沟通能变现？"

因为通过沟通，你解决了最核心的问题——达成共识，并因此获得了相应的回报。

不同的沟通段位，不同的人生体验

我常常说："沟通无处不在，价值无可取代。"这句话有两层含义。

第一层含义是：沟通是最常见的人与人之间交流和解决问题的方式。

有调查表明，职场中的人们大约要将 60% 以上的时间和精力用来处理各种复杂的人际关系，而沟通起到了不可或缺的作用。比如，吸引融资，要沟通；申请预算，要沟通；求职面试，要沟通；晋升答辩，要沟通；工作汇报，要沟通；公众演讲，要沟通；商务谈判，还是要沟通。

第二层含义是：你沟通什么，怎么沟通，以及你是否善于沟通，决定了你能否利用沟通创造价值，以及能够创造多少价值。

遗憾的是，许多人不善于沟通，比如：不知道如何听出对方的心声；不知道如何有逻辑地表达自己；不知道如何把握沟通的细节；不知道如何通过沟通建立良好的人际关系；不知道如何通过沟通处理上下级的关系；不知道如何通过沟通化解危机……

于是，有的人通过沟通升职加薪，有的人却因为沟通怀才不遇。眼看着擅长沟通的小伙伴们步步高升，只留下不善沟通的你仍在原地踏步。

同样是每天都在沟通，为什么有些人的过程和结果会有那么大的差异呢？因为沟通有三个段位，而每个人因为自身条件和所处的阶段不同，所能达到的境界也各有不同。

想说就说的代价

沟通的第一个段位是"说话比较直"。

想一想,生活中,什么人说话比较直接明了?

有个词叫"童言无忌",说的是儿童天真无邪,因为他们还没有能力顾及听话者的感受,所以表达起来自然顺畅,心里怎么想的就会怎么说。同时因为他们对事物的理解和描述能力也非常有限,所以就会出现词不达意的情况。好在我们都知道儿童还不具备大人成熟的心智和缜密的思维,并且缺乏基本的沟通技能和社交经验,所以即使他们有时候说的话不妥,大人也只是莞尔一笑:"孩子嘛!"就了事了,不会太较真儿。

可是,如果一个成年人说话也不经思考,太过直来直去,情况会怎么样呢?

案例一 天儿就是这样被聊"死"的

春节放假了,在城里打工的小芳回老家过年。在大城市待久了,小芳在衣着打扮上显得愈发时髦。谁知刚回家就碰到了姨妈。

"姨妈好!"小芳赶紧问候。"呦!这是谁啊!几天不见越来越穿得花枝招展了。"姨妈的话，怎么听怎么刺耳，硬生生浇灭了小芳的一腔热情。"交男朋友了吗？"姨妈好像没察觉到气氛的异样，继续一副大大咧咧的样子。"暂时还没碰到合适的。"小芳回答得小心翼翼，生怕气氛继续变尴尬。"是吗？是没碰到合适的，还是别人看你穿得太洋气，根本不敢接近你啊？"姨妈边说边"咯咯咯"地自顾自地笑起来，实在让人不知道该怎么回应她……

小芳皱着眉头走开了。

案例二　暴力沟通变成了暴力

"你们都是干什么吃的？"老板怒不可遏地质问着小王和另外两个同事。"脑子里都是糨糊吗？还是生出来就是白痴？这么简单的事情都能搞砸了？"

"老板，你批评我们可以，但是不能侮辱人啊！"小王突然抬高了音调，恼怒地看着老板。

"怎么了？事儿没办好骂你们几句还不行了？我养你们是干什么的？一个个都是猪脑子！"

哐！话音未落，小王已随手抄起桌上的笔筒重重砸在了老板的鼻梁上。老板住院了……

案例三　说话比较直的代价

老板召集一个重要项目的团队开会，讨论怎么提高项目执行效率。大家你一言、我一语地谈到了资源的问题、时间的问题、系统的问题、流程的问题、管理的问题、技能的问题……作为项目经理的小赵一直没有说话，但是看他的表情，明显是对大家提出的一系列观点并不认同。

"小赵，你是项目经理。说说看，为什么项目进展得这么缓慢？你有什么改善建议？这是非常重要的项目，目前这个速度我是决不能接受的！"老板看着小赵，非常严肃地说。

小赵听了老板的话，腰杆子一下子挺起来，像是打了鸡血般地打开了话匣子："项目之所以进展缓慢，主要是因为在决策层面内耗严重。首先，决策链太长！比如，一个几万元的采购订单，居然要6级审批。什么财务啊，质量控制啊，物料控制啊，运营啊等有关的和无关的部门都参加了审批。但是这一点儿价值都没有嘛，完全是在浪费时间。其次，主要决策人虽然位高权重，但是普遍缺乏相关的专业知识，一个个的都不懂装懂，所以无法有效和高效地作出决策。但是吧，他们又怕被人发现他们不懂，所以既不说批，也不说不批，就这么耗着，结果时间都给耽误了。因为他们都是领导，又没人敢追问，这样折腾下来，项目能进展快才怪呢！'屁股决定脑袋'害死人了！"末了，小赵还长叹一声，颇有一种英雄气短的悲戚。老板听了心里很不是滋味，因为他就是主要决策人之一。

过了一个月，小赵被辞退了。

作为职场资深人士，我总结的一句职场生存之道是："知可不言，言可不尽。"也就是说，知道的可以不说，说的时候也别把话说绝、说死，要留有余地。而"知可不言，言可不尽"的反面其实就是"说话比较直"，把知道的都说了，而且都说"到位"了。

蔡康永在《说话之道》里写过："你说什么样的话，你就是什么样的人。"如果一个人说话总是太过直白，真的会让他周边的各类感情降温。

当然，这绝对不是鼓励大家说话要绕弯子，或者罔顾事实去说谎，而是建议大家说话前要多思考：什么话该说？什么话不该说？该说的话应该在什么场合说？说的时候应该用什么语气？对方听了我的话可能有什么反应？我该如何去应对他这种反应？聊天中哪些词汇应该多用，哪些词汇是绝对不可以用的？等等。

下面让我们来实景练习一下。

假如老板给你分配了一项工作，但是你评估下来发现自己的能力可能不足以胜任，怎么办？直接说"不"吧？怕是以后很难再有这样好的锻炼机会了。爽快地接手吧，又怕自己真的搞砸了！左右为难，怎么办呢？此时，你可以参考下面的三个建议。

第一，没有特殊情况，尽量少说"不"。

老板都喜欢有"愿力"的员工，这个"愿力"就具体体现为"敢做"精神，即少说"不"。不用过于担心你看到的困难和阻力，因为那些东西理论上老板早就经历过或者预料到了。既然他决定把任务分配给你，那他大概率也会全力支持你，因为你的成功也恰恰能证明老板独具慧眼——除非他是有意给你穿小鞋或者想"甩锅"给你，那就要另当别论了。

第二，如果是老板当众指派给你任务，不要说"不"。

这个场景下，不是你该"谦虚"的时候。先应承下来，如果有隐情，可以私下找到老板去沟通。当众对老板说"不"，是职场大忌。

第三，不管是当众，还是老板一对一地给你分配任务，表达不同的观点都需要讲究方法。

比如，你可以酌情说出你的顾虑，而不是直接拒绝。也不要用"好的，然而……"或者"好的，但是……"这样的句式。因为这会使你在老板心中留下一种负面印象：原来你还藏着一手呢，原来你是有条件的。对此，你可以考虑用的句式是："好的，并且……"举个例子："好的，老板的建议很棒！并且我也考虑了其他几个方案供老板参考。"记住，无论何种情况下，给老板提供其他可替代方案，这点都是尤为重要的！

很多时候，标榜自己说话直，只是不愿花心思考虑对方的感受。说话直是职场大忌，更是人生大忌。相比说话比较直，我们更应该修炼如何说话比较"值"。

好好说话的益处

沟通的第二个段位是有话好好说。

什么是有话好好说呢？总结起来有三点。

第一，说话前要认真组织语言，有逻辑、有结构、有内容，让听的人觉得你言之有物，而且说得在理。

如果不认真组织语言，说话的时候就可能前言不搭后语。如果没有逻辑，听的人就可能听了半天却不知所云。如果没有结构，就会让人分不清主次，抓不住重点。如果没有内容，就会让人觉得空洞乏味，比如我们常说的"正确的废话"。说话的时候言之有物，并且说得在理，这样讲出来的话才能让人信服，才能达到沟通的目的。

那么，怎么才能做到这一点呢？秘诀就是"九字诀"：是什么？为什么？怎么办？

"是什么"解释什么是沟通的标的。比如，吸引融资的时候是项目，汇报工作的时候是绩效，求职面试的时候是经历，商务谈判的时候是期望。

"为什么"解释沟通标的本身的逻辑以及相关问题背后的原因。比如，为什么是这个项目？为什么绩效没有达标？为什么你合适这个职位？

"怎么办"回应与沟通标的有关的问题。比如，本月的绩效没有达标，我们正采取如下的行动迎头赶上，预期下个月开始好转。

而"是什么？为什么？怎么办？"本身就是一个遵循逻辑的结构化沟通句式。下面我们看一个具体的例子。

你在向老板汇报月度销售指标时，"九字诀"就可以用。

"是什么"——这个月我们的销售额是 1000 万元，低于目标值 50%。

"为什么"——之所以没有达标，主要原因是受到经济下行的影响，我们的主要客户都收缩了开支，已经收到的订单也被要求推迟交付。同时，新客户开发刚见成效，但是还没有形成销售额。

"怎么办"——针对现状，我们已经调整了销售策略，制定了更加详细的加速开发新客户和打入新市场的计划。其中有两个新客户预计下个月开始产生销售额。总体看，我们用 4—6 个月的时间可以实现正增长。

第二，说话时不随心所欲，有态度、有立场、有思考，让听的人觉得你行为得体，而且有礼有节。

上一篇文章中我曾提到：孩子们出于天性，说话比较随心所欲。但是成年人如果这样做就会被认为言行不得体，不成熟。因为成年人的沟通首先要有思考，即说话前要经过大脑。"良言一句三冬暖，恶语伤人六月寒"，什么话该说，什么话不该说，这是我们都该知道的。同时，该说的话也要注意场合、时间、对象和分寸。否则，就有可能酿成"祸从口出"的"惨剧"。

其次是沟通时的态度。"态度决定一切"，这同样适用于说话和沟通。是积极的还是消极的？是合作的还是对抗的？是极其重视的还是爱搭不理的？是果断行动的还是犹豫不决的？是充满温情的还是冷若冰霜的？是温文尔雅的还是暴跳如雷的？……说话和沟通时不同的态度可能会产生完全不同的结果。

A 先生和 B 先生在同一家公司的同一个团队里工作，工作职责也很相似。A 先生和人沟通的时候，态度总是谦逊平和的，结果也总是皆大欢喜的。B 先生和人沟通的时候，态度总是趾高气扬的，加上他喜欢用一些诸如"必须""马上""这还用说"之类的字眼，以致说话总给人一种压迫感，得到的结果常常是费力不讨好，甚至是两败俱伤。

沟通时的态度既反映在语言沟通中，也反映在非语言沟通中。

比如，语言沟通里典型的"暴力沟通"——"你怎么笨得跟头猪似的！""挤什么挤？没长眼啊？""你工作怎么总是马马虎虎的，家族遗传啊？"

《非暴力沟通》一书中给出了解决暴力沟通问题的四个要素：观察、感受、需要和请求。

第一个要素是观察。用心观察正在发生的事，然后不添油加醋地叙述观察结果。这里要注意观察和评论的区别。叙述观察结果是陈述事实，更客观；而习惯性地评论他人是在"贴标签"，更主观。

第二个要素是感受。越有能力清楚地表达感受，沟通越有可能顺畅高效。这里要注意区分感受和想法。相对来说，感受更客观，想法更主观。比如，"我感受到了你身上来自外界的压力"是表达感受，"我想因为这些压力，你一定很郁闷吧！"是表达想法。

第三个要素是需要。它是感受的根源。因为自身有需要或者被需要才产生了感受，所以，如何正确地表达自身的需要以及如何回应别人的需要尤为重要。

第四个要素是请求。怎么提出请求更容易被别人重视和接受，这决定了沟通的有效性和效率性。

非语言沟通的场景就更多了。

领导指派小李找到老王，商量一个项目如何开展。老王耐心地分析项目各方面的情况，并且根据自己的经验和实际场景提出建议。而小王觉得老王不过是个经验主义者，不会有什么创新的想法，要不是领导指派，他才不会来找老王商量呢——虽然老王的职位比他高。所以一进门，小王就一屁股陷在沙发里，一副心不在焉的样子。老王分析项目的时候，小王不仅没有聚精会神，还左顾右盼，后来居然还把腿架到凳子上了。老王大怒，一拍桌子："小王！注意你的态度！"然后……也就没有了然后。

最后是要有立场。尽量不做墙头草。"支持"还是"反对"，"前进""后退"还是"原地休整"，不是简单的二元法，但是要有明显的确定性。和稀泥式的沟通不仅耽误时间还解决不了问题，做"墙头草"次数多了，只会让别人对你失去信任。

第三，说完话会及时跟进，有确认、有行动、有结果，让听的人觉得你做人厚道，而且做事靠谱。

这年头最可贵的品质是什么？做事靠谱！这年头最不靠谱的一句话是什么？叫"回头请你吃饭"。

怎么沟通会让人觉得你是靠谱的呢？

"老张，非常感谢你的帮助！为了表达谢意，你看下周二到周四哪天晚上有空，我请你吃饭。正好咱们也有段时间没聚了。""老周，你太客气了！下周的时间现在还定不下来，这周五咱们再碰一下。"老张笑着说。"好嘞！"老周愉快地回应。

到了周五，老周及时跟进："老张，下周的时间安排好了吗？哪天晚上空？知道你喜欢川菜，我计划预定一个四川火锅店。""嘿！你问得真及时。咱们就约下周二晚上吧！四川火锅我喜欢！""得嘞！"老周一边答应着，一边把火锅店的预订信息发给了老张。

怎么样？你觉得"回头请你吃饭"这事儿老周办得漂不漂亮？是不是有跟进、有确认、有行动、有结果？这样做事当然会被认为做人厚道，做事靠谱。

无声胜有声

沟通的第三个段位是无声胜有声,这也是沟通的最高境界。

前面的章节我们说过,沟通有很多方式,包括语言沟通和非语言沟通。这里的"无声胜有声",指的就是非语言沟通。

语言沟通和非语言沟通到底孰优孰劣是个见仁见智的问题。既要看是不是具备基本的前提条件,比如,当时的场景适不适合用语言沟通,是否允许用语言沟通,也要看看哪种沟通方式更有效。

战场上,吹响的冲锋号对战士来说是最有效的"沟通";十字路口,变换的交通灯对车辆行人来说是最有效的"沟通";潜水的时候,打手势是最有效的沟通;异常嘈杂的环境里,对于隔着一段距离的两个人来说,打手势或者发文字信息要比声嘶力竭地交谈更有效。

案例一 文字的力量

广场的一角,一个盲人乞丐身旁竖着的牌子上写道:"我是盲人,请大家帮帮我!"但是匆匆走过的人们很少有人驻足,真正弯腰给钱的就更少了。

后来，一位穿着高跟鞋的年轻女士从盲人乞丐身边走过，她没有给乞丐钱，而是拿起笔在那个牌子的背面写下一行字，然后把这一面朝着路人又放回去，就匆匆离开了。

然后，奇迹发生了！

不断有路人经过的时候放慢脚步，并且纷纷掏出兜里的钱施舍给那位盲人乞丐。盲人乞丐一边感谢着陌生人的帮助，一边很疑惑，他不知道到底发生了什么。直到那位穿高跟鞋的女士再次来到他身旁，他才好奇地问："为什么您只是在我的纸板上写了几个字，大家就都来帮我？您到底写了什么？"高跟鞋女士回答："我是这样写的：这是美好的一天，但我却看不见它。"

这是一次"无声胜有声"的沟通，也是一次完美的变现。

案例二　无声的榜样

一个新上任的银行总经理到下属的一个分行考察工作，他发现这家银行的大门玻璃是脏的——要知道，每位顾客和员工每天都要通过这扇门进出银行很多次。他观察了一下，发现银行职员对此似乎都不太介意，而银行的保洁员对此也持一种"宽容"的态度。总经理没说什么，不过他第二天又来到了这家分行，发现大门的玻璃依然是脏的。第三天他又来了，发现情况依旧。

这次他二话没说，撸起袖子开始擦洗玻璃，直到干净得可以照出人影来。总经理擦玻璃的那个时间段正好是上班高峰期，几乎所有人都看到了总经理在亲自清洁玻璃。从那儿以后，这家分行的玻璃再也没脏过。

这个小故事不仅说明任何变化都需要领导首先以身作则，然后才有上行下效的结果；同时也说明，在某些特定的场景下，非语言沟通可能比语言沟通更能带来好的效果。

案例三　不战而屈人之兵

"空城计"的故事想必大家都听过了。三国时期，诸葛亮不费一兵一卒，单靠端坐城楼、焚香弹琴时那气定神闲的阵势，便吓退了司马懿的 15 万大军。

作为非语言沟通，"无声胜有声"能够成为最高段位的沟通是不无道理的。一方面，因为沟通是由 35% 的语言沟通和 65% 的非语言沟通组成的，从结果和效果上看，非语言沟通的影响都更大。

另一方面，也是由非语言沟通的特点决定的。

1. 无意识性。

弗洛伊德说："没有人可以隐藏秘密，假如他的嘴不说话，则他会用指尖说话。"一个人的非言语行为更多的是一种对外界刺激的直接反应，基本都是无意识的反应。例如，与自己不喜欢的人站在一起时，保持的距离比与自己喜欢的人站的距离要远些；看到喜欢的人或者东西时，我们的瞳孔会不自觉地放大；产生怀疑时，我们可能会眯起眼睛；与一个陌生人的一次对视，大概就能知道对方是否喜欢你——他的眼神和面部表情早已出卖了他。

2. 情境性。

和语言沟通一样，非语言沟通也是在特定的语境中展开的，情境左右着非语言符号的含义。相同的非语言符号，在不同的情境中会有不同的意义。同样是拍桌子，可能是"拍案而起"，表示怒不可遏；也可能是"拍案叫绝"，表示赞赏至极。

3. 可信性。

当某人说他毫不畏惧的时候，他的手却在发抖，那么我们更相信他是在害怕。英国心理学家阿盖依尔等人的研究表明，当语言信号与非语言信号所代表的意义不一样时，人们相信的是非语言信号所代表的意义。

《沟通的艺术》一书中也提到，非语言沟通比起语言更加诚实，如果能读懂非语言沟通，我们就更能准确地预测对方的情绪。

比如，你在落魄的时候找一个有钱的朋友借钱。在你顺风顺水的时候，他曾经拍着胸脯对你说，需要用钱尽管找他。可是真的需要用钱了，这个朋友却迟迟没有回复你的消息。他是不是不想借给你？没错，他就是不想借给你，而真的不是因为忙——再忙，回个消息的工夫还是有的。没有不想回复的消息，只有不想回复的人。在这个场景里，你可以通过非语言沟通清晰地看到对方的真实面目。

与语言信息受理性意识的控制，容易作假不同，非语言信息，即人体语言则大多发自内心深处，极难压抑和掩盖。

4. 个性化。

一个人的肢体语言，同说话人的性格、气质是紧密相关的。爽朗敏捷的人在对外沟通时，与内向稳重的人的手势和表情肯定是有明显差异的。

每个人都有自己独特的肢体语言，它体现了人的个性特征，人们常常会从一个人的形体表现来解读他的个性。

形成闭环，是有效沟通的前提条件

有效沟通有四个目标：说的人说得清楚，听的人听得明白，做了相应的行动，有了预期的结果。这四个目标循序渐进，互为因果。

第一，说的人说得清楚。

想说清楚一件事还真不容易。因为说清楚的前提是想明白，这考验人的思维能力和组织能力，而能否说清楚，考验的则是人的表达能力和应变能力。

第二，听的人听得明白。

如果说的人认为自己说清楚了，听得人就能听得明白吗？不一定！因为你们对同一件事情可能有不同的定义和理解。为了避免误解，首先要校准双方的标准，然后尽量将想法全面、清楚、简洁地表达出来。

第三，采取了相应的行动。

沟通的根本目的是为了解决问题。要解决问题就必须采取行动，并且要根据沟通达成的共识，及时地采取行动。

第四，取得了预期的结果。

结果是检验沟通有效性的重要标准，也是沟通最核心的价值之一。

怎么做才能清楚地表达自己?

既然做沟通,肯定是想把事情说清楚,这也是解决问题的第一步。但无论工作中还是生活中,有的人三言两语就能把一件事情说得清清楚楚,而有的人长篇大论地讲半天,听的人却依然一头雾水。

分析起来,其原因不外乎以下几种。

第一,不了解沟通对象。

你接到了一个任务,要给客户做一份公司简介。你在这方面经验丰富,手里那套中文版的公司简介PPT也早已烂熟于心。可是后来的经历让你至今难忘:会上,客户方不仅中方管理层出席了,外方管理层也出席了。看到你在演示中文版简介,客户方代表赶紧打圆场:"我们的外籍高管都是'中文通'。"同时,他善意地提醒:如果能用英文作介绍更好。你知道这个要求是合理的,但是它让你措手不及。结果证明,英语口语上的短板让你感觉很多事情说不清楚,于是不得不跳过了一些精彩的部分,展示的效果也大打折扣了。

假如你要作一个演讲。你对观众的背景有所了解吗?比如,观众所在的行业、从事的职业、工作环境、教育背景、语言偏好、对本次演讲的期望，等等。如果不够了解就可能出现"鸡同鸭讲"的现象，比如，你讲的理论知识他们完全没概念；你引用的例子都是小众的，他们也没听过；他们期待的是大白话，而你讲的都是大道理。这种情况下，即使再简单的事，你恐怕也很难说清楚。

所以，要想把一件事说清楚，首先要了解你的沟通对象，然后做到"见人说人话，见鬼说鬼话"。举个例子：你的老板喜欢以数字呈现结果，那你就少讲过程和那些你认为精彩的故事。

第二，不掌握沟通内容。

D君是大区销售总监，在给公司的管理团队汇报销售完成情况。不过这套PPT是团队成员做的，而且因为准备时间很紧张，他也没顾得上详细阅读每一页的内容，更谈不上和团队成员求证细节了。但是他这个人做事很认真，汇报的时候，努力想把每件事、每个项目、每个数字都说清楚。结果可想而知了，还没等高管们问问题，他已经自己把自己给绕进去了。

不了解细节导致沟通不清楚是职场的大忌！如果你是一线员工，老板会觉得你工作不踏实。如果你是管理者，老板会觉得你不接地气，无法委以重任。总之，给管理层留下的都是不靠谱的印象。

第三，描述过于笼统。

有一个学员问我："卢老师，您有没有比较好的管理书籍或者在线精品课程推荐呢？"我听完的第一感觉是：这个问题问得比较笼统。你是想要什么类型、具体哪方面的管理书？随便一想，就有一大把的管理方向——企业管理、团队管理、人才管理、绩效管理、客户关系管理、供应商关系管理，等等。

所以，沟通之前一定要界定好范围。范围规定的越具体，事情就越容易说明白。

每次我给学员辅导沟通课，都会事先发给他们三个问题以了解他们的具体需求。

1. 在职场中，一般会有什么需要你参与其中的沟通场景？比如主持会议、汇报工作、讨论项目、谈判、演讲、给别人做培训，等等。

2. 列举出当前职场沟通中的三个痛点，越具体越好。比如，背景、你的表现、你的感受、别人的反馈、对你的实际影响，等等，如果能有具体的例子就更好了。

3. 你想在本次沟通中解决的三个问题，越具体越好。比如，不敢开口说话（怕说错话）、说话没有重点、不知道怎么表达、打开话匣子就收不住或者不知道怎么结束自己的长篇大论、不知道在谈话中扮演什么角色，等等。

第四，内容过于繁复。

如果面试的时候面试官请你作一个自我介绍，时间控制在3分钟内，你准备怎么介绍自己？是把自己所有的工作经历、教育背景、兴趣爱好、优势劣势、所经手的重要项目、参与的社会实践统统都说一遍吗？我曾经面试过的一位候选人就是这样

的——眼看着 3 分钟的自我介绍时间就要到了，他还在讲自己 5
段工作经历中的第 2 段……

你在路演的时候只有 15 分钟的时间介绍公司和产品。你是
否会试图把公司和产品的方方面面都堆砌到 PPT 上？就算你的
现场解说中没有专业术语，过于复杂的结构、冗余的内容、长篇
大论的文字也足以让你演讲的时间捉襟见肘。结果就是：整个
演讲像是在赶集，没有重点，缺乏亮点，关键点也没有说清楚。

吴军老师曾经分享过一个原则：能讲清楚的讲，讲不清楚
或者太花时间的不讲。吴军老师的导师是一个非常擅长口头交
流的人，也是一个很能说服发放科研经费的机构给他巨额经费的
人。他的导师教给学生们一个作学术报告的原则，永远不要试
图在有限的时间里，讲那些需要花很长时间解释，而且容易引发
大家疑问的东西，即使那个东西在你看来精彩得不得了。

第五，缺乏结构化思维。

有些人写作能力很强，但是说出来就不是那么回事了。归
根结底，是说之前没有想明白。我们的大脑一次性接收的信息
量有限，所以更偏爱有规律的信息。因此，采用结构化的信息
处理方式，在海量信息中识别筛选出关键信息，归纳、整理、提
炼出结论，就更容易被大脑接受。

结构化思维和表达的工具有很多，常见的有"总分
总""5W2H""结论、理由、事实""WSB——Work Structure
Breakdown 工作结构分解"，等等。

第六，不能随机应变。

一般来说，单向沟通的准备工作是可以做得很充分的。因为你想说的主题、使用的结构、具体的内容等都是事先预设好的，而别人没有机会给出反馈或者提出质疑。比如，公司领导作年终总结报告。

但是更多场景里的沟通其实是双向的，这尤其体现在问答环节。如求职面试的时候、汇报工作的时候、公众演讲的时候、融资路演的时候、商务谈判的时候，等等。

别小看这一问一答。如果别人问的问题你没有准备，但是又特别想说明一下，就很容易说不清楚，因为你不知道细节。所以就会出现越解释越多，越描越黑的状况。

正确的做法是，能说清楚的就说，说不清楚的可以找时间再议；对于没有把握在短时间内说清楚的问题，可以选择不说，不要恋战。

如何叫醒一个装睡的人?

只要说的人觉得自己说得清楚,听的人就一定会听得明白吗?不一定。因为听的人可能和你不同频。什么是不同频?就是不在一个频道里,或者缺乏某个维度的交集。我把不同频归纳成常见的四个类型,分别是:物理上不同频,理解上不同频,角度上不同频,主观上不同频。

物理上不同频

如果你在之前已经简单扼要地阐述了事情的经过和造成的后果,以及后续如何跟进。然后,你问一个同事有没有什么建议或者问题,那个同事听到你的提问,突然一愣:"你说什么?你能再说一遍吗?"

很明显,这个同事刚刚没有认真在听,他走神儿了。你无法叫醒一个装睡的人,但是我们有办法将一个走神儿的听众的注意力吸引回来。比如你演讲的时候,当时你发现有些观众在刷手机或者交头接耳时,你可以稍微停顿一下,让现场突然变得安静起来;或者现场带领大家做一个游戏,比如放松一下身体,一起做个呼吸的练习,或者做一次冥想……大家的注意力就会重新聚焦到你这里。这些方法我都亲身实践过，效果都非常好！

还有一种造成人和人之间物理不同频的原因是说话的方式。比如不同的语言、方言、口音等，就连说话速度都会造成物理上的不同频。

著名投资人李丰以前说话非常快，用他自己的话说是："我就图自己高兴。"他一直认为，只要他把想说的事情跟你说了，没骗你，也没藏着掖着，这就足够了。所以他不太注意自己是否有表述明白，别人是不是容易接受。

后来成立公司以后，他的语速慢了下来。因为以前做投资的时候，他只需要管好自己的事情就行；但创业以后，他开始肩负起更多的责任，而其中一个非常重要的责任就是让别人听懂他说的话。实践证明，他说得慢一点，确实能让别人听得更明白。

要解决物理上不同频的问题，一方面，说话方要主动干预和调整。比如，通过主动询问："我是否讲清楚了？""还有没有什么问题？"以及通过观察听众面部表情的变化来采取相应的行动，在这方面，培训师们大多做得很好。另外，接收方（听的人）也要集中精力，积极思考，这样双方投入的时间才具有真正的价值。

理解上不同频

沟通的过程其实是一个编码和解码的过程。沟通主体（沟通发起方）将沟通内容依据自己的编码规则进行编码之后发给沟通客体（沟通接收方）。沟通客体依据自己的解码规则解码之后进行理解、消化，并决定是否接受和采取相应的行动。

实践中，由于沟通主体的编码规则和沟通客体的解码规则不一致，常常导致沟通客体无法正确还原沟通主体的本意，结果就变成了沟通主体以为自己说明白了，但是沟通客体根本没有听明白。没有听明白就无法理解，就更谈不上采取相应的行动了。

举个例子，对于沟通主体和沟通客体来说，"1"都代表一个人的年龄，"2"都代表这个人在目前所在公司的工作年限，"3"都代表这个人工作的总年限。沟通主体的编码规则是按照"1—2—3"这样的顺序编码，但是沟通客体的解码规则不是按照"1—2—3"的顺序解码的，其结果就会导致彼此不理解，甚至出现严重的分歧。比如，沟通客体按照自己的解码规则，把代表"1"的年龄安在了代表"2"的"在目前所在公司的工作年限"上，结果看起来可能就是荒唐的。

还有一个典型的例子就是，一个人在说话的时候用了很多其他人不懂的专业术语，虽然在说的人看来这些术语再简单不过了，但是其他人却很难理解或者完全不能理解。这些专业术语是说话人的编码方式，而听的人没有能力解码，自然就听不明白。

所以，要解决理解上不同频的问题，最重要的是统一编码和解码的标准。

角度上不同频

一个瓶子里只有一半的水。有人会说："哎呀！怎么只剩下一半的水了？"然后赶紧行动去找水——这样的人我们通常认为是悲观的。有人会说："哇！居然还有一半的水！"然后赶紧行动利用这些水——这样的人我们通常认为是乐观的。之所以有不同的结果，是因为不同的人看待这瓶水的角度不同频。就像一个硬币有正、反两个面一样，任何一件事情也都有两个面甚至很多面。如果一方总是看正面，另一方总是看反面，或者看的是不同的侧面，那就很难同频，彼此交流起来也就很难听懂对方的意思。

我曾看到几个人争论"是过程重要还是结果重要"这个话题。

A摆了一大堆事实来说明过程比结果重要；B则一直强调做事要以结果为导向这个大道理；C绘声绘色地讲了几个故事，这些故事既有支持过程重要的，也有支持结果重要的；D分别从宏观和微观的角度列出了很多数据，但是没有结论；E云淡风轻地说："我的观点是，'其实两个都重要'"；F大谈特谈自己的感受，说关注过程的人感情细腻，关注结果的人更有决断力；G直接把问题升华到了价值观层面，说不关注过程的人都不靠谱，不关注结果的人都不负责任。

所以你看，A摆事实，B讲道理，C抛故事，D列数据，E谈观点，F聊感受，G直接贴标签！这7个人，每个人都只是从自己的那个角度解释问题，都觉得自己说的很清楚，别人却听不明白。

主观上不同频

你见过揣着明白装糊涂的人吗？

老李和老唐在同一个项目组里工作。老李下个月想休假一周照顾家人，他想请老唐代班。谁知老唐说："你的工作角色和内容我不是太清楚，我担心我做不好。"其实老唐心里是在想："平时请你帮忙办个事难得要死，现在也让你体会一下求人难的滋味。"

我有一个下属，工作努力刻苦，也很能胜任自己的工作。唯一遗憾的是，我每次给他分配新任务，尤其是他以前没有做过的、略有一些挑战性的任务的时候，即使沟通得再清楚，他的第一反应都是强调难处。简而言之："不想做"。

我后来跟他半开玩笑半认真地说："从下次开始，我给你布置任务的时候，能不能先不要说'不'？你先做起来看看，其实事情可能并没有你想象得那么难。如果碰到解决不了的问题，随时来找我。"

从那以后，他不再说"不"了。同时，他解决问题的能力也突飞猛进。偶尔有解决不了的问题，我也都协助他解决了。很快，他就升职了！

所以，如果一个人主观上和你不同频，大概率是他没有愿力，不想去做——你说得再清楚，他表面上就是装听不懂。相反，当主观上同频了，你说得清楚，他听得明白，然后就是执行落地出结果了。

那么，可能有人会问了："一旦遇到揣着明白装糊涂的人，我们该怎么办？"答案很简单，如果给了机会还不见改进，那换人是最好的解决方案。

什么是让结果落地的正确姿势？

有些问题通过沟通本身就能解决，而对于更多的问题来说，沟通只是第一步，沟通之后要采取相应的行动，才有可能最终解决问题。

案例分析

有一个人非常勤奋，日出而作，日落而息。他每天都在重复做着同样的事情，虽然没有大富大贵，但日子过得也算安稳。可是他内心其实非常渴望有一天能中大奖。那天晚上，他像往常一样祈祷："佛祖，我已经竭尽全力了。可是为什么你从来没有帮过我？就中一次大奖，甚至哪怕一次小奖也可以啊。毕竟我一直这么努力，而且我虔诚地供奉着您，天天祈祷。"

突然，房子开始摇晃，电闪雷鸣之际，一个低沉的声音划过天际："至少你应该先买一张彩票吧。"

原来，这个人虽然非常渴望中大奖，每天都和佛祖"沟通"，可却从来没有采取过相应的行动——购买彩票。

培训界有一个段子：培训时非常激动，培训后一动不动——培训的结果当然可想而知了。

培训也是一种沟通。

很多企业每年都不惜花费重金给员工提供各式各样的内训和外训，如果计算投入的有形成本（培训师的费用，培训场地，材料的费用，差旅费用等）和无形成本（时间、资源），那可是一大笔开支！问题是，要让培训产生效果，必须采取相应的行动。

我曾经服务过的电气公司在业界是以培训著称的。我粗略算了一下，在那家公司服务十年，公司花在我一个人身上的培训费就将近100万！抛开领导层不谈，就算普通员工一年的培训费平均也有3000多元。那么，公司是怎么保证培训后员工采取相应的行动的？

1. 教学相长：参加了培训的同事作为老师，把学过的内容教给其他同事。"教出去"这个过程不仅让学员"温故而知新"，而且需要员工将学到的内容很好地组织整合起来，然后系统地输出。在教中继续学，继续理解和应用学到的东西。

2. 应用工具：培训中介绍和教授的工具始终出现在工作的方方面面，比如解决问题的鱼骨图、汇报工作的金字塔、项目管理的四象限。通过不断的实践和打磨来掌握工具的应用，解决实际问题。

3. 完成项目：典型的例子是精益管理的绿带、黑带项目，培训完之后不能直接拿到培训证书，而是要等到做完与之匹配的项目并且评估通过后才能拿到证书。相对于绿带证书，获得黑带证书要做的项目的复杂度要大得多，需要学员充分利用培训中学到的知识和工具才能顺利完成项目。所以有些人最后因为项目没通过只能拿到结业证书。

职场上另外一个需要沟通后采取相应行动的例子是上报。"上报"是在遇到重大事件时当事人无法自行解决，或者无法承担事件造成的后果，比如损害了客户的利益，影响到了公司的声誉时，需要第一时间逐级汇报给上一级。上报的目的是让上级知道发生了什么和可能的后果，评估是否需要上级介入或者作出决策，以及在公司层面需要采取的行动。

举个例子，我一直从事采购和供应链管理工作，我和我的管理团队反复沟通的"上报"规则是这样的，发生下述事件时需要上报：

1. 供应商的诚信问题（包括但不限于围标串标，贿赂，影响供应商选择公平性）。

2. 供应商的合规问题（包括但不限于违反各种法律法规，比如环保、健康、安全、劳动用工，违法经营等情况）。

3. 员工的职业操守问题（包括但不限于吃、拿、卡、要、骚扰、不公平待遇等违反公司员工职业操守规定的情况）。

4. 供应商紧急供货问题且会影响公司营收。

5. 供应商有重大质量问题，影响公司营收和声誉。

6. 团队内部或者团队之间有不可调和的矛盾且影响员工关系以及公司绩效。

7. 重大事件需要老板跨部门、跨地区沟通协调。

需要何时上报?

无论能否和是否解决它,你都要在知道后的第一时间将紧急情况上报给你的老板。

怎么上报?

上报时的典型句式是这样的(以供应商供货出现问题为例):

"老板,×××供应商由于现金流问题出现供货困难,目前影响了×××产品线,大约×××销售额。我们已经采取了如下措施将风险降到最低……更详细的背景情况是这样的……"

上报包含什么核心内容?建议采用三段式:

第一段:陈述问题、问题带来的影响以及可能的解决方案。

第二段:介绍问题背景、产生的原因和已经采取的各种解决问题手段的尝试。对于产生的原因,剖析深层次的原因,比如供应商供不上货到底是我们的预测/订单不到位,还是供应商没有兑现交付承诺?这两种情形下的解决方案会大相径庭。当然真相也将决定你在老板心目中的形象。

第三段:征询老板的意见和建议,表明会持续跟进并向老板更新进展情况,以及后续制定预防措施。

顺便说一句,很多人对"上报"这件事存在误解。他们觉得:上报会让当事人显得没有能力解决问题。

老板们大多不喜欢听到坏消息。事件在解决中,等有了眉目甚至解决之后再上报也不迟（殊不知，解决之后就不叫上报了，而叫汇报。更多时候，没有及时上报会使小问题变成大问题，大问题变得一发不可收拾，最终纵然有回天之力也无法解决了）；

......

其实以上的想法都是多余的，有些甚至是完全错误的。有了问题，第一时间沟通并采取行动、解决问题才是正确的抉择。想想吧，你肯定不喜欢职场中的其他人让你大吃一惊，你的老板更不想，他尤其不想这个"吃惊"变得一发不可收拾。而要避免这种情况，就需要第一时间沟通出现的问题，并且采取相应的行动去解决问题。

千里之行，始于足下，成功之路，始于开始。沟通之后采取相应的行动，是将沟通的目标落地的正确姿势。我很喜欢王阳明的"知行合一"：沟通让我们"知"，然后需要"行"才会真知，因为：知就是行，行就是知。知而未行，其实未知。

结果是检验沟通有效性的唯一标准

任何一个有效沟通都应该是一个闭环系统，并以取得了预期的结果作为结束。而衡量是否取得了预期的结果，就要与设定的目标做比较。目标设定的质量既从定性的角度影响行动的过程，也从定量的角度影响行动的结果。

怎样设定一个质量高的目标？用"SMART"原则加"MECE"原则。

"SMART"原则，即：

S——Specific（具体的）

所谓"具体的"，就是要用明确具体的语言清楚地说明要达成的行为标准。明确具体的目标几乎是所有成功团队的共同特点。很多团队不成功的重要原因之一就因为目标定得模棱两可，或没有将目标有效地传达给相关成员。

示例1：目标——"增强客户意识"。这种对目标的描述就很不明确，因为增强客户意识有许多具体做法，如：减少客户投诉，提升服务速度，使用规范礼貌的用语，采用规范的服务流程，都是增强客户意识的方面。

示例 2：老板如果给采购人员设定一个目标是"今年把采购工作做得更好"，就显然不是一个明确的目标。什么是明确具体的采购目标呢？举例来说，"今年的采购年度目标是质量不良率小于 1000DPPM，成本与去年全年平均价格比降幅大于 3%，交付准确率 95% 以上"就是个明确的目标。这个目标也是采购经典的 QCD 目标。

M——Measurable（可衡量）

可衡量就是指目标应该是明确的，而不是模糊的。应该有一组明确的数据，作为衡量是否达成目标的依据。

如果制定的目标没有办法衡量，就无法判断这个目标是否已经实现。比如领导有一天问："这个目标离实现大概还有多远？"团队成员的回答是："我们早实现了。"这就是领导和下属对团队目标所产生的一种分歧。原因就在于双方没有约定一个定量的可以衡量的分析数据，但并不是所有的目标都可以衡量，有时也会有例外，比如说大方向性质的目标就难以衡量。

比方说，"为所有的老员工安排进一步的管理培训"。"进一步"是一个既不明确也不容易衡量的概念，到底指什么？是不是只要安排了这个培训，不管谁讲，也不管效果好坏都叫"进一步"？如果对此进行改进，那应该是这样的：准确地说，在什么时间完成对所有老员工关于某个主题的培训，并且在这个课程结束后，学员的评分在 85 分以上，低于 85 分就认为效果不理想，高于 85 分就是所期待的结果。这样目标就变得可以衡量了。

再比如，"降低直接材料成本"是明确具体的目标，但是具体数值的设定要根据公司员工绩效的评定级别来设定。举例：如果公司绩效考核分为 5 级，分别是 A+，A，B，C，D。那么如果 3% 是中值 B 的话，A 可以设定为 3.5%；A+ 可以设定为 5%，而 C 和 D 可以分别设定为 2.5%、2%。以此再辅以权重分就可以了。

A——Attainable（可达成）

可达成的核心是目标设定合乎适宜，既不过高，也不过低。"不过高"是指基本目标是够得着的，延展目标是跳起来可以摸得到的。"不过低"是指目标不能轻易达成，以便我们能够保持一定程度的温度和兴趣。如果上司利用一些行政手段，利用权力一厢情愿地把自己制定的目标强压给下属，下属典型的反映是一种心理和行为上的抗拒：我可以接受，但是否完成这个目标，有没有最终的把握，这个可不好说。一旦有一天这个目标真完成不了，下属有一百个理由可以推卸责任：你看，我早就说了，这个目标肯定完成不了，是你坚持要压给我的。

说到可达成的目标设定，我想起了我们的个人年度计划。现实中，大约只有 1% 的人能 365 天无间断地将年度计划坚持下来。调查显示，很多人选择中途退出是因为初始时设定的个人年度目标过高，比如每周去 5 天健身房，结果没过多久就发现由于时间、精力、天气等原因根本做不到，甚至连健身卡在哪儿都找不到了，于是开始绝望，进而放弃。

R——Realistic（实际性）

目标的实际性是指在现实条件下是否可行、可操作。可能有两种情形，一方面是领导者乐观地估计了当前形势，低估了达成目标所需要的条件，这些条件包括人力资源、硬件条件、技术条件、系统信息条件、团队环境因素等，以致下达了一个高于实际能力的指标。另外，可能花了大量的时间、资源，甚至人力成本，最后确定的目标根本没有多大的实际意义。

比如，一位餐厅的经理定的目标是：早餐时段的销售在上月早餐销售额的基础上提升15％。算一下就知道，这可能是一个几千块钱的概念，如果把它转换成利润是一个相当低的数字。但为完成这个目标的投入要花费多少？这个投入比起利润要更高。这就是一个不太实际的目标，它花了大量的钱，最后还没有收回所投入的资本，肯定是个不切实际的目标。

有时目标的实际性需要团队领导衡量。因为有时可能领导说投入这么多钱，目的就是打败竞争对手，所以尽管获得的利润并不那么高，但打败竞争对手是主要目标。这种情形下的目标就是实际的。

T——Time bound（时限性）

目标特性的时限性就是指目标是有时间限制的。例如，我将在 2025 年 5 月 31 日之前完成某事。"5 月 31 日"就是一个确定的时间限制。没有时间限制的目标没有办法考核，或许会带来考核的不公。上下级之间对目标轻重缓急的认识程度不同，上司着急，但下属不知道，到头来上司可能暴跳如雷，而下属也觉得委屈。这种没有明确的时间限定的方式会带来考核的不公正，伤害工作关系，伤害下属的工作热情。

"MECE 原则"，即 Mutually Exclusive Collectively Exhaustive。中文意思是"相互独立、完全穷尽"，通俗点儿说就是"不重叠、全覆盖"。它是麦肯锡的第一个女咨询顾问巴巴拉·明托在金字塔原理中提出的一个很重要的原则，是一种很有用的分析问题的套路。

在目标设定中，"MECE"原则的意义在于，对于一个具体的职能单位，目标覆盖所有关键指标，但是指标之间不重叠。

我们还以从事采购工作为例，假设所有关键指标是质量、成本、交付，这就实现了完全穷尽，全覆盖。其中成本的"目标一"是：年度采购降本总额达到 100 万人民币。"目标二"是：原材料采购降本额达到 68 万人民币。"目标三"是：设备采购降本额达到 9.6 万人民币。这个目标就不是相互独立，不重叠的，因为，"目标二"和"目标三"都是"目标一"的一部分。

第三部分

Part Three

优势谈判的 35 个沟通模型

优势谈判通常是指，在一方掌握了比较多的谈判主动权的情况下，寻求双赢或至少给对方留下双赢的印象，取胜的同时能让对手感觉到自己也赢了，从而营造良好的谈判氛围，建立互信的合作关系的一种谈判模式。

本章要介绍的 35 个沟通模型，将让我们有机会变被动为主动，有能力变劣势为优势。

用五项修炼去撬动每一场谈判

曾令我百读不厌的一本书是《第五项修炼》，它被《哈佛商业评论》评为近百年最具影响力的管理类图书。作者彼得·圣吉被称为"学习型组织之父""终身学习鼻祖""十大管理大师之一"。他在此书的卅篇就说："给我一根足够长的杠杆，我就能用一只手撬动世界。"《第五项修炼》是通过激发个人自主学习的天赋，促进组织学习和组织进化，进而建成持续开发和创造未来能力的学习型组织。

而本章要介绍的五项修炼沟通模型也是聚焦于个体。这五项修炼沟通模型既是一种外在表现，更是一种内在修为。让你"心""神""言""情""体"兼备。掌握和熟练运用五项修炼沟通模型这根杠杆，你就可以撬动任何一场谈判。

将心注入：
谈判的核心要素不能少

你有过冲动消费的经历吗？你在超市购物的时候本来只想买一支牙刷救急——因为电动牙刷没电了，一时没能找到充电电源。1支牙刷的价格是5块钱。这时候促销员走了过来说："先生，这个牌子的牙刷正在搞促销，1支包装的5块钱，5支包装的20块钱。牙刷是日用消耗品，5支包装的一般也就用一年，趁着促销活动多买一点吧，多划算啊！"促销员的一番话说得你心动了，于是你花20块钱买下了5支牙刷。结果1年多过去了，包装里还有4支牙刷动都没动过，因为你本来一直都是用电动牙刷刷牙的。怎么会发生这样的事？是自己太爱贪小便宜了？不一定。其中的关键很可能是你没有专注你的目标——只是买一支牙刷救个急。

有一次我去外地出差，到一家装潢看起来很时尚的理发店理发。理发的小哥技艺娴熟，待人接物让人很舒服。更惊艳的是，店里播放的都是经典轻音乐，一首接一首，听起来棒极了！离开理发店的时候，我忍不住说了一句："你们店里的人品位很高，播放的轻音乐个个经典！"小哥听了我的话抿着嘴笑道："谢谢！

经典不经典我不知道，不过原来店里播放的音乐可不是这些，而是满大街都播放的那种流行歌曲，结果一个理发师在给一位客人理发的时候，不知不觉跟着店里播放的歌哼唱了起来，不仅干扰了其他客人，还把客人的发型剪坏了，最后赔了不少钱！后来店长就决定把音乐全部换成轻音乐，这样大家就没办法跟着唱了，也就更关注客人的反应和需求，从而更集中精力理发了。"

星巴克的创始人舒尔茨写过一本畅销书叫《将心注入》，这本书其实是舒尔茨的自传，主要讲述了他的创业经历。舒尔茨出生在一个很普通的劳动家庭里，在母亲的引导下，他慢慢形成了专注且富有挑战性的性格。舒尔茨从经营星巴克开始，便把自己以前所积累的感触和价值观全部倾注了进去，他坚信，每一次与顾客的接触都是加深消费者对品牌认知度最好的机会。

"我们不是靠咖啡做人的生意，而是靠人做咖啡的生意。"在星巴克的理念中，顾客之所以上门，主要有三点：咖啡的因素、人的因素、感觉的因素。

在"人的因素"方面，站在服务顾客的角度，舒尔茨始终认为，员工每次要为每位顾客提供一个"打包"服务，即他们点的咖啡、饮品和食物，还有关于咖啡的知识和星巴克的激情。所以，星巴克在招聘中很注重聘用高素质人才，因为星巴克的服务人员需要用星巴克的激情影响顾客。为了达到这个目标，星巴克除了会为每一个新入职的员工提供 24 小时的标准化训练课程，还会教授他们诸如"咖啡常识""如何烹煮一杯完美的咖啡""顾客服务技巧""怎么用眼神跟顾客接触"之类的培训课程。

从服务员工的角度，舒尔茨非常关注员工福利和员工意见，并且提供员工入股和普通兼职工人也可享受医疗福利等多种方式，切实给每个参与其中的人以尊重和利益。星巴克称呼员工为"伙伴"，使员工的地位由企业雇员上升为企业的合作者，以激发他们对工作的激情，以及对企业的归属感和认同感。

在"感觉的因素"方面，星巴克一直被称为"家和办公室之外的第三空间"。在舒尔茨定义的星巴克空间中，门店需要洋溢出一种"星巴克式"的体验：空松、时尚、惬意以及独具风格的优雅。在这样的空间中，顾客可以缓解来自工作和家庭的压力，或是抚慰心情，或是休闲小憩片刻。总之，他们的核心追求就是：让顾客觉得来这儿很值。在营造环境氛围方面，星巴克的要求丝毫不亚于对咖啡质量的关照。

舒尔茨将心注入到努力实现梦想、捍卫价值观（做正确的事）和坚持（把事做好）上。所以他和星巴克都成功了——他实现了自我价值，成就了6000亿美元的星巴克商业帝国。

那么，我们在谈判中该怎么"将心注入"呢？这主要体现在下面三个"注"上。

第一个"注"是指专注谈判目标

在谈判中，我们不仅要知道自己的目标，而且要始终专注自己的目标。不要被目标以外的因素羁绊，比如对方的情绪、你自己的情绪、环境的干扰，等等。

谈判中不专注的结果很可能是你被对方的情绪激怒了，然后被自己的情绪打败了；或者你漏掉了很关键的信息；或者你被对方抛出的烟雾弹带到"沟"里去了……以上种种都可能导致你最后接受了不应该接受的结果——这可比多买了几支牙刷严重多了。

要想保持专注，首先要做的是有效对抗无处不在的情绪。是不是有了情绪先不开口说话，冷静一会儿再说就可以了？在生活中这样做或许可以，但在谈判的时候肯定不行，谈判现场不等人啊。

现在假设你是销售人员，在和买方做最后一次谈判。虽然他们软磨硬泡，但是你始终不肯再降低价格。最后，买方说："价格就这样吧，但是你们要额外再送 3 个月的保修服务，否则我们就不签约。"你听了火冒三丈：前面经过几轮谈判已经送了1 年的保修期，说好了不再谈这个话题了。

且慢！不要发作！我们用下面的"四步法"操作一下：

1. 反思自己的感觉和行为：他们太不守信用了！这是商务谈判，怎么能出尔反尔？

2. 重新审视非理性想法：他们是不是故意要为难我？他们强人所难是不是不想达成交易？

3. 如何反击和对抗自己的非理性思考方式：我用得着发作吗？发作了能解决这个问题吗？真的不能答应这个条件吗？

4. 用什么样的更好的选择来替代非理性思维：谈判需要双赢，售价上没有达到他们的预期，他们回去也不好交差。这次让他们有了赢的感觉，才能有下一次的合作机会。

第二个 "注" 是指关注谈判对象

在谈判中，除了要专注自己的目标，也要随时获知和掌握对方的需求和态度，这样才能做到有的放矢，有机会达成双赢。要想获知对方的需求和态度，我们需要全方位地关注谈判对象。比如，他们是否言行一致，是否表里如一，有没有欲擒故纵，或者明修栈道，暗度陈仓？

关注谈判对象最好的方法是保持正念，也就是活在当下，对谈判对手的一言一行保持警觉和清醒，随时准备好应对任何可能发生的状况，随机应变。

《正念的奇迹》一书讲到发生在作者身上的一个小故事：一行禅师和吉姆分吃一个橘子，吉姆掰了一瓣橘子放进嘴里，在还没开始嚼之前又掰好另一半准备送入口中。一行禅师对吉姆说："你应该把含在嘴里的那瓣橘子吃了。"这时吉姆才惊觉自己没有在正念的状态。专注于吃橘子的每一瓣，才叫作真正会吃橘子。

第三个 "注" 是指倾注情感因素

要做好一场谈判，事先需要做好很多 "功课"。假设你是采购人员，今天的谈判对象是你的战略合作伙伴，谈判前要怎么倾注情感因素呢？最重要的就是要通过互动维系好业务关系，以此来增强彼此的了解和信任，为谈判铺路架桥。下面介绍一个实操性很强的、五位一体的互动战略。

1. 工厂拜访：频率以周或月为单位。采购方通常由采购总监／经理带队；供应方下至一线销售，上至总经理都可以参加。内容涉及项目讨论、解决质量问题、周期审核、参观工厂，等等。

2.学术、技术交流：频率以月或者季度为单位。采购方通常由采购带队并包含跨职能部门，比如研发、质量、物流；供应方通常由销售带队并包含跨职能部门，内容涉及行业动态分享、新技术、新工艺介绍、产品培训，等等。

3.季度会议：一般每个季度一次。采购方通常由采购副总或总监带队；供应方下至一线销售，上至总经理都可以参加。内容涉及双方公司层面业务更新、绩效回顾、寻求供应商反馈和潜在的业务机会、对重大项目进行讨论和决策，等等。

4.高层会议：一般一年1—2次。由采供双方管理层参加。内容涉及重大项目、长期合作、人事变动、市场和行业动态，等等。

5.年度大会：一般一年一次。采购方通常由公司管理层以及采购代表参加，供应方通常由2—3名相关高管参加。内容涉及采购方年度业务汇报、供应商绩效回顾、供应商表彰、学术讨论等内容。

这样的五位一体的互动机制保证了采供双方上至公司高层，下至一线员工，都有各自的互动渠道，同时分享共同的目标，以保证供应商伙伴关系的健康发展，并最终保证采购战略和采购谈判高效、高质量地执行落地。

神采飞扬:
把你的激情变成超级生产力

有一家面包公司在当地非常受欢迎，他们生产的面包几乎涵盖了这个地区所有大大小小的酒店和超市。可是附近有一家五星级酒店还没有向这家公司购买过一个面包。面包公司的创始人兼总经理汤姆很希望能跟这家酒店合作，因此每周都去这家酒店拜见他们的总经理。一晃坚持了一年多了，可始终没有什么起色。汤姆绞尽脑汁，尝试了各种机会，比如，参加这家酒店举办的各种活动、亲自入住酒店体验酒店的餐饮服务，等等。即便如此，推销计划还是停滞不前。

到底是哪里出了问题？汤姆意识到他必须要做出改变，才能为谈判打开新的局面。他开始关注饭店总经理本人，调查了那位总经理平日的喜好和热衷的事情。汤姆了解到酒店总经理是个葡萄酒爱好者，而且还是当地葡萄酒协会的会长，并且会亲自参加协会的每一场活动，风雨无阻。刚巧，汤姆也是个葡萄酒爱好者，而且对葡萄酒有一定的研究。于是他做足了准备，再次去拜会酒店总经理。这次，汤姆闭口不谈面包的事，而是以葡萄酒为话题，神采飞扬地谈起了葡萄酒文化——适合酿酒的葡萄品种、对知名葡萄酒的评价，等等。这果然引起了酒店总经理的共鸣，兴致勃勃地和汤姆聊了足足有一个小时，还热情地邀请他加入葡萄酒协会。临分手的时候，酒店总经理握着汤姆的手说："你的激情感染了我！好的红酒真的要搭配好的面包。"这次"谈判"结束后没几天，汤姆就接到酒店电话，请他们送面包样品过去。

上述这个案例中，汤姆找到了酒店总经理的兴奋点，随后他神采飞扬的语言激发了酒店总经理的激情，再加上前一段时间的宣传推销，最终成就了谈判。可见，谈判者正确的情绪对谈判的进程和结果是有直接影响的，因为它会直接影响对方的情感体验。

一个 17 岁的小女孩，是个演出组织者，她邀请了著名钢琴演奏家基思做一场表演，因为基思很有名气，所以 1400 张门票很快就被抢光了。

演出的前一天，基思照例去现场"踩点儿"，结果到了现场一看，差点儿没崩溃：不仅场地又小又破，更糟糕的是那个钢琴简直惨不忍睹。它不是基思平时最常用的那种大的三角钢琴，而是一个小得可怜的钢琴。基思上去一试弹，竟然发现还有很多琴键是坏的……他瞬间火冒三丈："算了！不演了！"从嘴角里挤出这几个字后，基思扭头就走。

那个小女孩很年轻，才 17 岁。那是她第一次组织这么大型的活动，1400 张票都卖了，她可不想就这么放弃。那天外面下着大雨，她在基思的后面边追边央求："求求你了，请你留下来吧！我们至少可以先谈谈。"

后来基思心软了，他觉得这个小女孩怪可怜的，这么小的年纪能组织这样一个活动确实也不容易！于是他对她说："这样，我明天可以去演，但是现场的设施你也看到了，演砸了你可别怪我。"

第二天，演出如期举行了。1400 人的场地座无虚席！演奏效果怎么样呢？演出结束时，现场的观众全体起立，掌声经久不息！当天晚上演出所灌的那张唱片后来竟然卖出了 350 万张，成为爵士乐有史以来最畅销的唱片！

为什么会有那么惊艳的效果？因为没有人见过一个钢琴演奏家在演奏时如此的神采飞扬，他是充满了无限的激情在演奏，就好像下一秒钢琴就没法再弹了（后来基思说，他是怕钢琴下一秒就被他弹散架）！

为什么那么有激情？因为那个琴太小，基思只能站着弹，所以他的动作和神态观众都看得一清二楚。琴声不够大，所以他每一下都得狠狠地砸向键盘，这跟他以往的弹奏风格完全不同，而这些改变让这次的现场演奏效果上升到了一个前所未有的境界，甚至开创了先河，于是大家纷纷购买这张唱片，这才使它一跃成为爵士乐销售史上的冠军。

一个人的激情可以调动其他很多人积极的情绪，进而迸发出指数级增长的生产力。

谈判的时候有两个因素影响谈判结果，一个是谈判条件；一个是谈判的人。谈判条件是客观的，没有情绪，不受外界因素干扰。谈判的人是主观的，是有情绪的，容易受外界因素影响。

想象一下谈判的双方代表开始见面寒暄的时候，对方的首席谈判代表垂着双肩，看起来充满了悲伤，或者睡眼惺忪、无精打采。虽然你不知道此前发生了什么，但是以这样的精神面貌开场势必会引起在场人员不安的情绪，从而在一开始就给谈判蒙上一层阴影。然后，在谈判进行中，对方说话的时候唯唯诺诺，需要作出决定的时候也犹豫不决，你的团队和对方的团队会是什么感觉，会有什么反应？你很可能会想：他们是不是在谈判中隐瞒了什么？那下面的谈判我们要加倍小心了！想想吧，充满了戒备的谈判怎么能顺利和高效呢？

《你的形象价值百万》的作者说：成功，也爱以貌取人。它喜欢那些举止得体、热情友善、真诚自信的人，而厌恶那些穿着邋遢、刻薄无礼、虚伪自卑的人。不要渴望人人通灵，以便看到你美丽的内在，现实是：内在的品质、才能、信念也要通过外在的形象、举止来展示。就在举手投足之间，你可能就取得了人们的信任，或失去命运带来的机会。没有人愿意让一个不可信的人承担重任，更没有人会喜欢一个形象糟糕的人。

精神面貌是一个人的状态展现，同时反过来又影响着一个人的方方面面。所以，做什么事都要有良好的精神面貌是个前提，因为每个人都愿意和具有正能量的人交往。当一个人出现在自己面前时，我们一般都会在心里给对方一个评价。从外表来说，对方的穿着打扮、发型、行为举止等决定着他在自己心中的第一印象；从内在来说，眼神、状态、气场等同样决定着你对一个人的第一印象。而精神面貌指的是由内在所展现给对方的印象。时刻保持激昂的精神状态虽然不一定能马上解决眼前棘手的问题，可至少能让人看到希望。作为精神面貌的一种体现，神采飞扬从内在说是一种精气神儿，从外在说是一种为人处世的态度，它能给予人希望和向上的力量。

作为采购方，我曾主持过一个和大型国企的谈判。当时我们从那个企业购买大型的轴承，这项业务已经持续了 3 年多。这种轴承构造复杂，生产工序多，自从国产化之后，我们只找到了这么一家有实力做这种轴承的企业。随着年年的降本（降低成本，下同），每年的谈判也越来越艰难。因为是定制产品，技术含量又高，他们知道我们离不开他们，所以那年他们不仅不想降本了，甚至想终止合作。所以，这次谈判至关重要！

谈判开始，我精神抖擞地开了场，首先感谢了这家合作伙伴 3 年来的全力支持，然后浓墨重彩地回顾了双方这 3 年多一起走过的日子，再现了当年做这个国产化项目的艰辛和收获。在场参加过这个项目的人无不为之动容，国企领导也频频点头。这就为继续合作打下了良好的感情基础。然后，我提出了当年的降本举措——不再直接谈降低售价，而是通过共同完成一个优化生产运营成本的精益项目继续推动降本。我们公司的精益运营团队将主导这个项目的实施，预计总降本目标在 12% 左右。

最后，我说："当然，各位老总，我想高兴地告诉大家：我们非常愿意将其中 60% 的成本节省分享给你们，也就是大约 7%！这才是真正的合作共赢！"

事后，当时负责这个项目的国企领导说："小伙子，本来我不太看好我们将来的合作机会，正在内部讨论要不要放弃。不过看着你自信满满、神采飞扬的样子，我们决定再试一次。相信你不会让我失望！"

那么，究竟如何在谈判的时候保持好的精神面貌呢？

1. 做好充分的准备。要非常熟悉谈判的主题、内容、我方的观点、期望和底线，以及对方的观点、期望和底线。这样陈述的时候就不用担心还有什么遗漏地方，就能做到落落大方，信心十足。

2. 培养良好的心态。一方面，要坚信任何事情都是可以谈判的，有时候只是需要更多一点的耐心。另一方面，大多数时候，一次谈判失利并不会导致满盘皆输。商场上没有永远的赢家，应该用更长远的眼光看待双方的合作关系，不要过分在意一场个别谈判的"输赢"。

3. 谈判前要休息好。一双充满血丝的眼睛或者严重的"熊猫眼"会让你看起来很没精神。一副严重疲惫的面容会让人担心你是否能够谈判成功，甚至怀疑你是否是个合格的合作者，而且，人在疲惫的时候往往缺乏耐心和更不容易控制情绪。

大道至简：
高效沟通是这样"炼"成的

面试的时候，你用多长时间介绍自己？路演的时候，你有多少时间介绍公司和产品？演讲的时候，你能让观众保持专注力几分钟？

能清楚地说明白一件事是一种能力，能大道至简地说明白一件事更是一种能力。

不妨让我们来做两个练习——

第一个练习：请用一句话来描述你的公司。

第二个练习：请用一句话来介绍你自己。

爱因斯坦说过："如果你不能用简洁的语言说清楚一件事，就证明你对它还不够了解。"如果你不能做好第一个练习，大概率是你对你的公司不够了解，比如公司愿景、使命、文化、价值观、战略、所处行业、主要产品、优势劣势，等等，以致无法抽丝剥茧地精要概括。

如果你不能做好第二个练习，既有可能是你对自己不够了解，更有可能是你足够了解自己但却不知道应该怎么说，比如哪些应该重点说，哪些可以一句话带过，哪些可以略去不提。如果介绍自己的时候抓不住重点，那么介绍起来肯定就没完没了了。

这个练习在现实中很实用，因为：候选人在工作面试的时候可能会遇到诸如"用一句话介绍自己"这样的问题；创业者在面对投资人的时候可能会遇到诸如"用一句话告诉我，我为什么要选择投资你"这样的问题；公司的领导层在竞聘时可能会遇到诸如"用一句话概括你的施政纲领"这样的问题。

同样，它也适用于诸如"用一句话介绍你的理想，你的目标，你为什么换工作，你为什么要求加薪，等等"。

问这样的问题，目的是什么？

1. 考察这个人对自我和相关事务的了解程度。

2. 考察这个人总结提炼的能力。

3. 考察这个人的口头表达能力。

还是以我自己为例吧！

举例一

用一句话介绍我自己：

有20多年采购和供应链管理经历，期间跨行业、跨文化、跨地域、跨角色，勇于担当，持续学习，善于沟通和解决问题。

举例二

用一句话介绍我服务过的两家公司：

通用电气：由爱迪生创立的百年老店，是一家集技术、制造和服务业为一体的多元化公司，并以其独特的价值观、优秀的运营和培训体系获得全球瞩目。

药明康德：生物科技领域的富士康，为全球知名药企提供药物研发和生产服务。

如果你是向投资人介绍的话，应该考虑概要以下三点：

1. 你们是做什么的。

2. 你们的目标客户是谁。

3. 你们的商业模式是什么。

说了半天，到底什么是大道至简？

大道至简是指大道理（指基本原理、方法和规律）是极其简单的，简单到一两句话就能说明白。所谓"真传一句话，假传万卷书"，就是这个意思。一门技术一门学问，弄得很深奥是因为没有看穿事物的实质，搞得很复杂是因为没有抓住问题的关键。

比如马斯克利用"第一性原理"直击事物本质的思维方式，就是利用大道至简来解决问题。这里的"大道"指的是复杂的问题（空气动力学问题，火箭燃料问题，特斯拉的电池问题……马斯克遇到的问题没有不复杂的），"至简"是把复杂的问题拆分成最本质的、最简单的、最小的项，然后一个一个去思考，一个一个去解决。

掌握了大道至简这个根本原则，我们就能从定性和定量两个方面提高效率，解决问题。

来看一个场景，你通过邮件向你的老板申请一笔项目预算。你的原始邮件是这样写的。

老板：

您知道我们的××项目是 2017 年启动的，当时本来计划 2018 年 5 月底可以完成。可是执行过程中遇到了很多障碍和阻力，包括但不限于原材料涨价、汇率波动、人力成本上涨，等等。其中，光是人力成本一项就上涨了不止 30%！后来我们实施了设计变更，但遗憾的是，双方团队就一些关键事项迟迟无法达成协议。再就是双方的团队成员都出现了一些变动。您知道，年末、年初本来是人员动荡高峰期，尤其是今年三四月份发了年终奖之后，供应方的项目经理离职了，我们这边也有一个项目核心成员刚刚提出离职。当然，现在最主要的问题是项目资金已经不够用了。

所以，我想向您申请 10 万元的预算，以便项目能够继续执行。但是目前尚不知道何时可以收回追加的投入……

老板看完邮件后，感觉脑子很乱，预算也就暂时搁置了。

学习了大道至简的方法后……

老板：

我们的××项目需要追加 10 万元的预算。项目已经延迟，追加预算可以及早完成项目，且其一年内的产出可以覆盖这笔追加预算。请您看看能否批准？

背景是这样的：项目本来计划 2018 年 5 月底可以完成。可是执行过程中遇到了很多的障碍和阻力，包括外部环境、人员变化，等等。目前亟待解决的是项目资金问题。

其实，公司领导层基本都会看每个月的项目进度汇报表，所以对于你汇报的这些情况，老板早已了然于胸。因此，第二封邮件发给老板后，他看完第一句就能明白你的需求，看完第二句就能回想起整个项目的大致情况，预算申请也就水到渠成了。

而第一封邮件则着实会让他伤脑筋，因为其中涉及的内容太多了，并且有些细节他根本不想也不需要了解。他看完邮件整个人感觉又烦又乱，预算的事自然也就打了水漂。

如何在沟通中大道至简？试试下面的"三步走"。

第一步：精通主题。

无论涉及的主题是介绍一家公司，一个人，还是一个项目，首先需要做的就是深入细致的了解，能够达到精通的程度是最好的。这就是所谓的"知己知彼，百战不殆"。

比如，你要去一家大型公司面试，根据应聘的具体职位，除了岗位信息之外，你还要了解这家的发展历史、公司文化、所处行业、技术地位、产品覆盖、市场占有率、面临的机遇和挑战等。所有的这些信息经过咀嚼、消化、吸收，然后变成自己的语言。这样你在回答问题和提出问题的时候才能做到有的放矢，精准极致。

精通主题这个环节可以考虑的一个工具是"SWOT",即优势、劣势、机遇、风险分析。

第二步:分清主次。

精通主题之后,你所能呈现的信息应该足够多,足够丰富了。这时要做的是分清主次,聚焦重点。

还是以到一家大型公司去接受面试为例,这次你被要求简单地介绍一下你自己。你是会从第一份工作开始,如数家珍地将每一段工作经历具体地呈现在面试官面前,还是首先概括自己的大致经历,然后是优势、劣势,最后是兴趣爱好?

分清主次这个环节可以考虑的一个工具是"二分法"。简单地说就是在一张白纸中间画一条线,左边表头写上"+",右边表头写上"-"。然后把想说的放在左边,不想说的放在右边,并根据时间长短调整两边主题的数量。

第三步:刻意练习。

精通主题、分清主次之后,就剩下刻意练习了。

为什么需要刻意练习?因为不做刻意练习的结果可能会使你在沟通时(至少在口头沟通时):停顿、结巴、忘词、窘迫、颠三倒四、手足无措……

刻意练习这个环节可以考虑的一个工具是"项目清单"。列出要做什么、何时做以及要达到的目的。剩下的就是持之以恒了。

需要注意的是,当一个人连续说话超过 40 秒时,对方就可能产生厌烦的情绪（除非你说的内容既有料，又有趣），他们会试图插话或逃离。

对此，一个著名的职场节目主持人提供了一个非常棒的改进策略，他将其称为"交通灯法则"。他说，当和很多人说话的时候，这个策略的效果会更加明显。

谈话前 20 秒钟，你面前的灯是绿的——只要你的话和谈话内容相关并且顾及到他人，你的听者是会喜欢你的。但除非你是个非常有天赋的善谈人士，不然，凡是说话超过半分钟的人，都会让听者觉得其唠叨、令人厌烦；所以在接下来的 20 秒钟，灯是黄的——人们会开始对你的谈话内容逐渐失去兴趣，认为你啰里啰唆；在 40 秒钟的时候，灯变红了。没错儿，偶尔你会想"闯红灯"——继续讲话，但是在绝大多数情况下，你最好停下来，否则就危险了。

声情并茂：
让你的感染力秒变战斗力

我的一个好朋友跟我说："我们家里只要有我妈在，气氛就很活跃。大家你一言，我一语，一点儿都不拘束。要是只有我爸在，气氛就很沉闷，大家都没精打采的，很快就各自回房间做自己的事儿了。"

"为什么？"我笑着看着她，很想知道答案。

"因为我妈是那种特别开朗的人。她喜欢笑，也愿意调动家里的气氛。从外面回来的时候，常常是人未到，声先至。每到这个时候，我们就特别开心，期待着早点儿见到妈妈。而且我妈特别有激情，讲话的时候也带着感情。周围的邻居都觉得我妈很真诚，总是被她感染。除了正式工作，我妈还抽空帮居委会做事。居委会主任也特别喜欢我妈，因为好多需要每家每户配合的工作，别人都推不下去，只有我妈可以，她太能调动大家的情绪了……"

"母狮是寻找猎物的高手，它们具有敏锐的视力和嗅觉，以及足够的耐心和毅力。在非洲草原上，没有哪种动物比母狮更善于捕猎了。而对于猎物们来说，发现母狮的踪迹就赶快逃走，是唯一正确的选择。"熟悉《动物世界》节目的人一定听得出来，这是《动物世界》的经典台词。跟很多同龄人一样，我是伴随着《动物世界》长大的，自从第一次看了《动物世界》，我就对大自然产生了浓厚的兴趣，也一直很敬佩解说老师的功力——只听了一次就上瘾了，从此一发不可收拾。我后来分析，这一方面是因为这个节目本身就很有吸引力；另一方面，解说老师声情并茂、别具一格的演绎仿佛给节目加入了五彩缤纷的调味剂，他的声音耐人回味，能让你徜徉其中，陶醉良久。

以上两个小故事都指向了一种说话能力：声情并茂。声情并茂这个成语出自清代珠泉居士的《续板桥杂记·张玉秀》，寓意美好。确实，无论是第一个故事里的朋友的妈妈，还是第二个故事里的解说老师，他们的"声情并茂"带给我们的都是美好、愉悦的感觉。如果我们能在销售、谈判、演讲等有关说话的场合做到声情并茂，相信一定会收获好的效果。

案例分析

一家服装销售公司在给他们专卖店的销售员做培训之前，请了一个销售培训顾问扮演成顾客，想通过暗中摸底来看看专卖店的销售员是如何与顾客互动的，然后再制定相应的培训计划。

这位"顾客"走进了一家服装专卖店，拿起了一件刚到的新款衬衫问："这件衬衫挺漂亮的，是纯棉的吗？"

"您好！是的，这款是纯棉的。"旁边的销售员小刘迎上来回答。

"顾客":"这种纯棉的衣服穿起来很舒服,但是我担心会不会缩水啊?我之前就买过一件纯棉衬衫,只洗过两次,现在大小已经不合身了。"

小刘:"不会的,这款衣服采用了最新的科技,检测结果显示从来没出现过缩水的情况。"

"顾客":"好,我再看看。"

看小刘没有再跟进,这位"顾客"在店里又逛了一会儿,走了出去。

上面这个场景中,销售员小刘和顾客的对话似乎没有什么问题,顾客一问,小刘一答,而且有问必答,回答得也中规中矩。但是小刘今天可能有心事,在和顾客沟通的时候显得不冷不热,介绍产品的时候一板一眼,很难打动客户。

过了20多分钟,"顾客"又回来了。他要换一个销售员试试看什么表现。

顾客:"这件衬衫挺漂亮的,是纯棉的吗?"

"您好!没错,这款衬衫就是纯棉的,穿起来非常舒服。您真有眼光,这款是刚刚上架的新款,没上架前就有不少人预定了。"销售员小王介绍衬衫情况的时候,面带微笑地看着顾客,而且声音洪亮,吐字清晰。

"顾客":"这种纯棉的衣服穿起来很舒服,但是我担心会不会缩水啊?我之前就买过一件纯棉衬衫,只洗过两次,现在大小已经不合身了。"

小王："那真是有点可惜了！一听就知道您是行家，正如您所说，很多纯棉的衣服会缩水甚至变形，但是您放心，我们这款衣服采用了最新的防缩水科技，不仅有专利，而且经过了大量的适用各种环境条件的实验，证明确实是不缩水不变形的。您看，这是采用特殊工艺处理的标志。我们很多像您一样的优质客户都特别注重穿着舒适度，所以纯棉面料的衣服越来越受欢迎。趁着刚上架，你要不要考虑买一件？明天上班就能享受新鲜透气的感觉啦！"

"顾客"："好，谢谢你的热心，给我来一件吧！"

小王和小刘在与顾客互动过程中的不同之处在于：小王在整个过程中都声情并茂，充满激情。这让顾客首先因为小王的亲和力而对小王产生了好感，进而两人之间建立了信任感和依赖感。最终促成了销售。

声情并茂强调的，一个是"声"，一个是"情"。表演的时候声情并茂才能够打动观众，谈判、销售、演讲的时候又何尝不是如此。

声情并茂的"声"是指我们听到的声音。这里的声音有五个维度：语音、语气、语调、语速和语言。这五个维度决定了别人感觉你说的话发音是否清晰？语气是否适宜？语调是否悦耳？语速是否适中？语言是否得体？假如你正在和对方谈判，那对方的感觉会直接影响甚至决定谈判结果。

1. 语音：发音是否字正腔圆、顺畅流利而不拖泥带水；音高是否适合，既不是很高音，也不是很低音——低音让人听不清楚，高音让对方听了皱眉头。

一般来说，好的语音有以下几个特点：

① 准确清晰，即吐字正确清楚，语气得当，节奏自然。

② 清亮圆润，即声音洪亮清越，铿锵有力，悦耳动听。

③ 富于变化，即区分轻重缓急，随感情变化而变化。

④ 有传达力和渗透力，即声音有一定的响度和力度，使在场听众都能听真切，听明白。

关于语音，常见的毛病有：

① 声音痉挛颤抖，飘忽不定。

② 大声喊叫，音量过高。

③ 音节含糊，夹杂明显的气息声。

④ 声音忽高忽低，音响失度。

⑤ 朗诵腔调，生硬呆板。

……

所有这些，都会影响对方对内容的理解和对你的整体印象。

2. 语气：是陈述的语气还是疑问的语气？如果是陈述语气，是较为正式还是较为随意？如果是疑问语气，是一般疑问句还是反问句？甚至是反诘句？

举个例子，当你想激起观众的认同感、注意力或者情绪时，你可以考虑使用反问句或者反诘句。比如："面临全球气候变暖，人类的生存遭受到威胁时，我们能做些什么？""面临全球气候变暖，人类的生存遭受到威胁时，我们就不能做些什么吗？"

3. 语调：语调是口语表达的重要手段，它能很好地辅助语言表情达意。同样一句话，由于语调轻重、高低、长短、急缓等的不同变化，在不同的语境里可以表达出种种不同的思想感情。一般来讲，表达坚定、果敢、豪迈、愤怒的思想感情，语气急骤，声音较重；表达幸福、温暖、体贴、欣慰的思想感情，语气舒缓，声音较轻；表示优雅、庄重、满足，语调前后弱，中间强。只有这样，才能绘声绘色，传情达意。

语调的选择和运用，必须切合思想内容，符合语言环境，考虑现场效果。语调贴切、自然正是谈判者的思想感情在语言上的自然流露。所以，谈判者恰当地运用语调，事先必须准确地掌握谈判内容和感情。

4. 语速：说话的速度也是谈判的要素。为了营造沉着的气氛，说话稍微慢点是很重要的。不过，也要"因地制宜"，如在陈述尖锐的问题、讨论一些矛盾和冲突、表达坚定的立场时，在确保表达清楚的前提下，语速要适当提高。倘若从头到尾一直以相同的速度来进行，对方代表很快就会失去兴趣和耐性。

5. 语言：你的语言使用的是否得体？有没有出现禁忌的词汇（包括脏字）、晦涩难懂的词汇以及可能引起歧义的词汇？记住，谈判时的时间可谓"寸土寸金",我们可没有多余的时间去作额外的解释。

声情并茂的"情"是指我们体会到的情感。怎么说话才更有吸引力?那就是不仅让我们的顾客或对方谈判代表能感受到我们的情感,而且能让他们感觉到我们也捕捉和反映了他们的情感。所以,这里的"情",其实就是讲话的感染力,它能让你哭,让你笑,让你的谈判对象随着你的情绪一起起伏。要做到这一点,就要做到三丰富:手势要丰富,表情要丰富,语气要丰富。

一名企业老总在年底表彰大会上有这样一句词:"同志们!我们今年的业绩实现了历史性突破,销售额和利润实现了双丰收!"这段本来很鼓舞人心的话,却因为他讲得缺乏节奏感,显得非常苍白无力,一点都不带劲儿。台下观众的反应也很真实,只有稀稀拉拉的掌声附和——演讲者没有激情,观众自然不会买账。

如果是信心满满、气场十足的状态,该怎么说呢——

同志们上午好!(开场这几句必须脱稿,面带微笑环顾全场)你们可能早就听说了,我们今年的业绩实现了历史性突破!(语调逐步提到,音量逐渐放大,而且关键词之间的停顿必不可少)销售额和利润实现双丰收!(语调逐渐达到最高,音量逐渐提到最大。最后的"双丰收"三个字可以一字一顿地说出来,若配合得体的手势,效果更佳)

此刻,台下掌声、欢呼声一定响成一片。

肢体语言：
通过肢体语言"读"出他的秘密

谈判，是人们为了协调彼此之间的关系、满足各自的需要，通过协商而争取达到意见一致的行为和过程。它包含了"谈"和"判"两个过程。

"谈"，是指谈判过程中各方之间充分沟通和交流，明确阐述自己的意愿和所要追求的目标，并且针对各方应当承担和享有的权利及义务等方面发表看法，其中以语言表述的方式最为常见。

"判"，即判断和评判，它既包括对谈判过程中发生的事情的判断，又包括谈判结束后对结果做出的结论和决定。它是当事的各方努力寻求关于各项权利和义务的共同一致的意见，以期通过相应的协议正式予以确认。

过程决定结果，因此谈判过程中的这个"判"很重要。它不仅会通过语言类沟通来体现，也会通过非语言类沟通体现，比如肢体语言在"判"这个环节就起着至关重要的作用，甚至会直接影响谈判结果。主要原因之一就是，肢体语言的影响力在一条信息组成的比重中高达 55%，其余的 7% 来自语言（仅指文字），38% 来自声音（其中包括语音、音调以及其他声音）。

《身体语言密码》一书中写到：商务会议谈判桌上的 60%—80% 的决定，都是在肢体语言的影响下作出的。这说明，话语的主要作用是传递，而肢体语言则通常被用来进行人与人之间思想的沟通和谈判。

电影《中国合伙人》中，最后那段精彩的谈判完美地体现了这一点。

当孟晓骏准确无误地大段背诵和当时案件有关的法律条文时，美方代表波诺先生放在鼻子下面的左手放了下来，他目不转睛地看着孟晓骏，然后将头偏向了右侧——这个动作说明他相当惊讶于孟晓骏对相关条款的熟悉程度。孟晓骏说完了，波诺先生也笑了，美方代表鼓起了掌。谈判取得了突破性进展！

当一个人心口不一的时候，我们会说："你嘴上说不可以，你的身体却出卖了你。"这句话不无道理。研究表明，一个人可以嘴上说谎，但是肢体语言却相对更诚实，它能揭示一个人内心最真实的想法。

实践中，我们该怎样通过对方的肢体语言"读"出对方的秘密，同时也让自己的肢体语言更加周到得体，在谈判中赢得主动权呢？

第一，握手决定控制权。

与对方的谈判代表初次见面，握手的动作预示了后面你与对方在交谈过程中所占据的地位及权力的归属，所以握手的总体

"质量"奠定了谈判的基础。另外，往往先伸出手的那个人会更迫切地想要在谈判中获得控制权。

顺便说一句，握手之所以有这么大的威力，是因为在人类的进化过程中，我们的双手一直发挥着重要的作用，因此，双手与大脑之间的联系，远远超出了身体的其他任何部位。

第二，微笑有助于双赢。

有科学研究表明：一个人笑得越多，其他人对他的态度就会越友好。当你微笑时，会增加别人心理上的安全感而让你更具亲和力。所以在谈判过程中适当微笑，对谈判双方都会产生积极效应，更容易促成双赢。

需要注意的是，微笑一定要发自内心。会心地微笑时，嘴角会向眼睛的方向上扬。若是嘴角被拉向耳朵的方向，眼睛中没有任何感情，就是所谓的"职业微笑"或者叫"礼貌性微笑"，信不信，你的职业微笑一定会被看出来？只不过你自己不知道而已。

第三，头部动作多留意。

头部倾斜是一种良好的信号。人只有在感觉舒服和愉悦的时候才会倾斜头部，如果在商务谈判中，对方多次倾斜头部和露出笑容，就说明这次谈判的过程很愉快。比如上边例子中《中国合伙人》里那段谈判，美方的波诺先生在听到孟晓骏的陈述时几次将头倾斜，身体也更放松，并面带微笑。最后的谈判结果果然皆大欢喜。

相反，如果在谈判过程中对方多次出现擦拭前额的动作，就要警惕了。

1. 这个人感到不舒服。如果他在谈判中多次擦拭前额，显得很疲惫，这时应该主动去关心他的状态，例如主动询问："××先生／女士，您看起来有些疲惫，是不是身体不舒服？要不要休息一下再谈？"

2. 谈论到某个决策点的时候，对方做出擦拭前额的动作。此时可以跟对方确认一下相关的议题和建议是不是讲清楚了，还有没有疑问等等。

3. 举棋不定，慎重思考的时候。这时没必要马上让对方作出选择，而是要尽量尝试去了解是什么原因让他举棋不定，看看己方能够为对方提供什么样的支持和帮助。

另外，关于谈判中"点头"的这个动作，根据具体的场景，既可以表示同意，也可能在表达意见分歧。比如，当谈判进展顺利时，对方点头就表明了他赞同的态度。但当谈论很有争议的话题，或者谈判进入艰难的时刻时，轻微地、不停地点头可能反映的是当事人很复杂的心理活动。不管怎样，使用这个动作时，请保持目光对视，表明你正在听但仍然坚定自己的立场。最后，要注意不同的文化对于"点头"的释义是不同的。比如印度文化里，"点头"表示"不"。

第四，开放的姿势最轻松。

开放的姿势，比如张开双臂是向别人传达你从容、包容和接纳的信号。

不过，应该尽量避免让你的手臂和手一直保持一个姿势，因为这不仅会让你看起来显得僵硬，还有可能让你看起来像坐立不安。还有就是双臂张开的角度不宜过大，否则容易给人轻浮、不稳重的印象。

第五，躯体动作有倾向。

当人们对别人说的话感兴趣、表示赞同，或者对说话的人表示尊重的时候，身体就会不自觉地向前倾；相对地，遇到不喜欢的话题或者人时，身体就会向后倾，此外，当谈话产生意见分歧的时候也会后倾。记住一句话：距离是关系的天敌。在一般的情况下，人们总是将身体倾向于自己感兴趣的事物，远离那些令自己讨厌的东西和话题。

商务谈判中，双方会充分阐明自己的立场、观点、事实和自己所赞同的信息，对谈判条件的理解和对谈判结果的预期等。有时也会谈到对谈判另一方当前的状态、提出的谈判期望的看法。这时，就应该注意对方的躯体变化，一旦发现对方的身体前倾，就可以考虑适当做深入交流和介绍。反之，如果发现对方的身体向后倾斜，则可以根据需要尝试进入另一个话题。

第六，目光接触要适当。

眼睛是心灵的窗户，谈判中双方代表的眼神交流是必不可少的，但是同时也要因地制宜。

最新研究表明，保持眼神交流在紧张的谈判中可能对你不利。这项研究中，来自哈佛大学和弗莱堡大学的结论是，有说服力的谈判家如果保持眼睛直视那些不同意其观点的人，可能会产生不利的影响。研究人员认为，这种肢体语言与恐吓有关。他们建议，不要死盯着对方，要偶尔看他或者其他任何一个人的脸，而不是眼睛。同样的道理，当你跟一个人谈判的时候，要避免直勾勾地盯着对方。而与一群人谈判的时候，你可以不断切换眼神交流的对象，并在重要代表（比如首席谈判代表）那里多做停留。总之，如果能够让在场的每个人都觉得你很重视他们是比较理想的效果。

第七，"模仿"对方的姿势。

在心理学上，两个以上的人做同一个姿势叫作"镜子连环"。例如，当一个人把胳膊抱在胸前，另一个人也把胳膊抱在胸前；一个人靠在墙上，另一个人也跟着靠在墙上。这种对一个姿势的模仿动作，就好像从镜子里照出来的一样，所以被称作"镜子连环"。

如果你想博取对方的好感，"镜子连环"是一个有效的商务战术。也就是说，如果你想给对方留下良好的印象，不妨去模仿对方的姿势。模仿对方的姿势，不仅能引起对方强烈的共鸣，还能获得对方的信任，是一个很奇妙的战术。

不断练习"镜子连环"就能学会非常自然地去模仿对方的姿势，最终可以在无意识中做到这一点。如果能活用"镜子连环"这个技巧，在商业谈判中，说服对方的概率就能提高50%，而在推销商品时，引起对方的兴趣的机会就会增加两倍。

第八，缺乏自信的手势。

1. 十指交叉本来是自信的表现，但十指交叉并紧扣却是情绪紧张和缺乏自信的信号。

2. 手指搓动手掌或双手搓动是缓解心理的不安。当事人在谈判中说错话或表达出现问题的时候，常常会通过搓手来降低压力。

3. 如果在说话过程中用手抚摸颈部，那么代表他并不是十分自信，或许他是在尝试通过抚摸颈部来释放压力。

六个工具让你在谈判中左右逢源

一场好的谈判，必须凭借工具。谈判高手都是"雌雄同体"，既能在理性的层面张弛有度，又能在感性的层面游刃有余。只有理性而没有感性的谈判，通篇数据、事实和道理，缺乏人情味。只有感性而没有理性的谈判，没有依据，缺乏基础，充斥着情绪。

本章要介绍的六个工具，能让你在谈判时左手理性——知己知彼、知人善用、另辟蹊径；右手感性——共情力、交响力、故事力，左右逢源，无往不利。

SWOT：
360 度了解你的谈判对手

"老板，供应商 A 要求涨价 10%，我们的年采购额是 3000 万，这样算下来，一年要涨 300 万！"

"因为什么原因要涨价？谈判了吗？"

"谈了。对方说因为原材料、人工和管理成本都涨了，所以要给我们涨价，而且态度很强硬，因为他们是独家供应商。他们还说，要不是看在长期合作的份儿上，要涨 15% 呢！"

"嚯！看来他们不仅要涨价，还要让我们欠他们一个人情啊！谈判前你做过双方的'SWOT 分析'吗？双方各自的优劣势都是什么？有没有彼此合作的机会？有什么当前的和潜在的内外部威胁？"

知彼知己，百战不殆。"SWOT 分析法"是 20 世纪 80 年代初由美国旧金山大学的管理学教授海因茨·韦里克提出来的，经常被用于企业战略制定、竞争对手分析等场合，当然也可以用来分析谈判对手。其中，S（Strengths）是优势，W（Weaknesses）是劣势，S 和 W 聚焦于企业内部；O（Opportunities）是机会，T（Threats）是威胁，O 和 T 聚焦于企业外部。

案例分析　海底捞企业战略制定

Strength（优势）

1. "走心"的极致服务战略。始终秉承"服务至上、顾客至上"的理念，形成了从顾客进门到就餐结束并离开的一套完整的服务体系。

2. 差异化的产品战略。始终坚持"绿色，健康，营养，特色"的产品路线，严把原料关、配料关，不断创新独特、纯正、鲜美的口味和营养健康的菜品。

3. 独特的考核和授权方式，注重对员工及干部的全面考核。实行人性化和亲情化管理，员工关系融洽。

4. 优秀的成本控制能力。以 2017 年为例，海底捞营收 106 亿元，净利润 10.28 亿元，近 10% 的净利率使海底捞在中国餐饮业处于领先地位。

Weakness（劣势）

1. 较高的资产负债率和较弱的变现偿债能力可能制约公司的快速发展。

2. 在服务方面的持续性创新动力不足；相对于同行业，海底捞的价格高出了 30% 左右。

3. 内部人员管理偏重于情感而不是逻辑或者制度，企业文化大于制度，等等。

Opportunity（机会）

1.火锅的餐饮业态势在中国当前的大环境下比较受欢迎。

2.改变商业模式和运营模式，持续积累"线上—线下"的外卖业务和火锅底料等相关调味料的零售业务。

3.良好的品牌口碑和声誉，赢得了许多优秀人才及优秀大学毕业生的加盟。

Threat（威胁）

1.市场需求不断快速变化，如果不能更快地推陈出新，可能影响市场占有率。

2.诸如新冠疫情等在内的各种不确定性加大企业经营风险。

3.社会上曝出的种种食品安全问题对其也造成了一定的影响。同时，越来越严格的食品安全与质量监管体系增加了企业的运营成本。

在谈判的场景下，SWOT 分析是以对方为参照物，分析相对的优势、劣势、机会和挑战。比如文章开头提到的那个谈判的例子里的 SWOT 分析要这么做：

案例分析

卖方（供应商 A）

Strength（优势）

1.独家供应商（唯一源供应商），享有独占的市场定价权。想想苹果手机是由谁定价的？普通消费者有定价权吗？

2.主导定制产品的技术发展路线。独家供应商大多在技术上都有独到之处并可能形成相应的垄断。

Weakness（劣势）

1.产品相对单一，更新换代速度慢。因为缺乏竞争对手，所以忧患意识薄弱。

2.客户数量有限且更集中，对大客户依存度高。

Opportunity（机会）

1.可以和客户合作开发新产品，共享专利。

2.加大研发投入和需求响应速度，以便始终保持技术领先。

Threat（威胁）

1.专利保护期过了就会失去对市场的绝对占有优势。

2.短期内可能出现更有竞争性的替代品。

买方（企业）

Strength（优势）

1.行业龙头企业和标杆，品牌和声誉都很好。

2.当地利税大户，有较好的政府关系。

3.年采购额占供应商 A 年采购额的 9%，有一定话语权。

Weakness（劣势）

1.由于大量投资了供应商 A 提供的定制产品的研发费用和模具费用，退出成本高。

2.供货协议里面的"业务终止"条款对企业不利。一旦卖方单方面退出，买方损失更大。

Opportunity（机会）

1.研发替代产品。

2.利用购买量的优势，向卖方提供更低价的原材料。

3.可以考虑做一次买断式采购。

Threat（威胁）

1.一旦谈判破裂，将面临断货和停止生产的风险。

2.研发替代产品周期不可控。

分析完了买卖双方的 SWOT，买方制定了谈判目标和行动策略——

谈判目标：继续合作，价格不变。

行动策略：积极在市场上寻找产品替代方案，并且想办法让卖方知道这个消息；请卖方提供一次性买断的解决方案；提议由卖方向买方购买价格更优惠的原材料；充分利用在采购额方面的话语权和在产品研发上的投入影响卖方决策；协助卖方争取得到更多政府的税收优惠。

最后，谈判以达成双赢告终。双方继续合作，价格不变。卖方也在买方的大力支持下拿到了高新科技企业资质，获得了税收的减免和资金的扶持。

在谈判中，没有人无懈可击。利用 SWOT 工具不仅可以找到谈判的切入点，还可以发现企业业务发展中的短板，并采取相应的行动。比如，案例中这个独家供应商涨价的案例，虽然暂时通过谈判解决了问题，但是长期合作，其中的隐患还是存在的。所以，进一步的评估和行动是十分必要的。

1. 评估无法达成协议的短期和长期后果。

比如，如果无法达成协议，卖方可能会停止供货，这样对卖方的短期和长期的影响和成本是什么？对买方短期和长期的影响和成本是什么？这就需要根据评估结果制定短期和长期的采购战略和供应商关系管理战略。

2. 寻找组织内采购协同的机会。

有一些集团里不同的业务部门可能从一个供应商处采购，但是由于缺乏数据的透明性和彼此沟通，不同业务部门的采购之间没有信息共享和交流，因此也没有形成协同采购的能力。

之前我在 GE 工作的时候，主导过这样一个项目。

我所在的医疗集团在一家独家电子件供应商的年采购额是

600万，而整个 GE 在这家供应商的年采购额达 9500 万元。在充分分析之后，我们作了一次联合谈判，结果平均降价率多了 2%，这样一年下来就节省了 190 万！

你可能会问，为什么这个项目是由一个采购额只占总体采购额不到 7% 的业务部门主导的呢？因为我们积极主动地想做这个项目，而采购额大的那两个部门认为这是个唯一源供应商，做这个项目没有多大胜算，所以没有动力做。想到和做到之间有很大的差异，如果连想都不想，那连赢的机会都没有。

3. 成本化整为零，在谈判中各个击破。

成本化整为零具体指的是成本分项报价和评估。可以从三个方面去看：

① 成本的大块分割。比如产品售前、售中和售后的成本。

② 大块成本的分割。比如产品本身的成本可以分割成原材料成本、加工成本、人工成本、管理成本，等等。

③ 供应链成本的分割。比如下游供应商（一级、二级、三级……）的采购成本、制造成本（产出率、产能利用率……）、运营成本（库存水平、周转率……）、物流成本、财务成本，等等。

对于唯一源供应商，采购方通常都非常关注，因此介入的比较深，更容易获得和掌握上述提到的分项成本，这对谈判很有利。

4. 治标又治本的工作长抓不懈。

唯一源供应商产生的原因有很多种。通常是业务决策部门

（比如研发）选择了一个供应商的一个特殊的产品规格造成的。这种情形一旦发生，由于采购方一般被排除在确定产品规格之外，因此推动后续的变化就变得极为困难。

因此，避免唯一源供应商的形成要从选型的源头抓起。一方面，要不断向管理层解释唯一源供应商给组织带来的风险；另一方面，要加强采购控制政策，让唯一源供应商的比例在现有产品中不断降低，在新产品开发中必须低于某一个数值，比如说10%，理想状态是0。

DISC 语言：
让你在谈判中先人一步

假设你有一个机会可以和四个人谈判，分别是拿破仑、比尔·克林顿、甘地、比尔·盖茨，你愿意和哪个人谈？你和谁谈判获胜的可能性最大？为什么？

如果你的答案是其中的某一个人，那么你错了。因为答案是"不一定"。

决定谈判成败的不仅仅是双方手中的筹码，还有你对双方的了解，比如行为语言风格（体现在谈判风格上）以及制定的相应的谈判策略。正所谓"知己知彼，百战不殆"。另外，你的谈判小组的组成模式也至关重要。

只有了解了谈判对手的行为语言，我们才能判断他的谈判风格，预见他们对不同场景和不同问题的反应和处理方式，从而制定相应的谈判策略，避免因为不同的谈判风格而给谈判带来各种不确定性。

一个成熟的商务谈判者，一方面要对自己的行为模式有全面清晰的认识，并且在工作中不断努力发扬有利于谈判的方面，克服不利于谈判的方面。同时，也要善于在谈判前、谈判中和谈判后辨别对手的行为语言和谈判风格，并且根据他们的特点，有针对性地制定和实施适当的谈判方法，最后达成双赢的结果。

案例分析　一个真实的故事

作为乙方的 A 公司正在准备一个大单的谈判，而且志在必得。为了更好地达到谈判目的，A 公司不惜重金聘请了一位著名的行为语言分析专家参加了他们与甲方（B 公司）谈判前的准备会议和后来安排的晚宴以及娱乐活动。这让那位行为语言分析专家有机会细心观察和深入了解 B 公司每一个代表的行为模式和风格。活动结束后，行为语言分析专家针对 B 公司的每一个谈判代表写出了分析报告。根据这份报告，A 公司有针对性地研究并制定了新的谈判策略，对每一个细节都做了周密的安排。第二天，A 公司在谈判桌上轻松地实现了谈判目标。

当然，现实中我们往往会面临一个挑战：不是每次谈判双方都有机会去系统、深入地分析对方谈判代表的行为模式。怎么办？面对这种情况，今天我们要介绍的"DISC 理论工具"一定可以帮上忙！

"DISC 理论"是一种"人类行为语言"，最早由美国心理学家威廉·莫尔顿·马斯顿博士在 1928 年出版的《常人的情绪》一书中提出。马斯顿博士发现，行事风格类似的人会展现出类似的行为，这些复杂的行事风格都是可辨认、可观察的正常的人类行为，而这些行为也会表现为一个人处理事情的方式。后来的学者进一步将这个理论发展为测评，也就是大家所熟知的"DISC 测评"。"DISC 测评"利用 DISC 行为分析方法了解个体心理特征、行为风格、兴趣偏好、沟通方式、激励因素、优势与局限性、潜在能力等，其得出的结果可以广泛应用于组织转型、人岗匹配、团队管理、商务谈判和人才培养等方面。

其中，"D"是英文"Dominator（支配）"的首字母，代表着直接、控制与独断的激烈特质，这类人扮演的角色通常是指挥者。

指挥者非常独立，追求成功的动机极强，且经常要别人听命行事。同时，他们脾气火爆，在某些情况下甚至具有侵略性，因为他们希望能掌控自己周围的生活与工作环境，所以他们会努力取得并保有掌控他人的权力。他们喜欢挑战，好胜心与企图心让他们很少会从困难或危险的情况中退缩，相反地，他们会在逆境中努力完成目标。在追求成功的过程中，由于不信任他人，所以他们不会要求或预期周遭的人伸出援手，如果情势的发展使外援不可避免，他们会直接发号施令，而不是请求合作。指挥者的代表人物之一是拿破仑。

"I"是"Influencer（影响者）"的首字母，代表着爽朗、友善、外向、温柔与热情。这类人扮演的角色是影响者。

影响者喜欢交朋友，容易接近，希望和他人见面并交谈。他们天生信赖他人，非常想认识并讨好周遭的人，这是不喜欢社交活动的人所无法理解的。他们希望与周遭的人有正面的互动，而友善开明的行事风格也常常使他们能够顺利维持这种关系。但易冲动、心直口快或偶尔无理的作为，却使他们有时显得情绪化。影响者代表人物之一是克林顿。

"S"是"Steadiness（稳健者）"的首字母，代表着谨慎、稳定、耐心、忠诚与同情心。这类人扮演的角色是支持者。

稳健度高的人，个性谦逊温和，关心他人的问题及感受，是有耐心且富有同情心的倾听者，他们不独断，却擅于扮演支持的角色。他们在工作上能持之以恒，当其他人感到无聊且无法专心时，稳健度高的人会以稳健的步伐继续工作，直到任务完成为止。他们抗拒改变，偏爱固定不变的环境；他们天生被动，当接收到的指示清楚且得到支持时，他们的表现最好。正因如此，他们会尽量避免对立与冲突，而当争端发生时，他们会是很好的调和者。不过，这类人在西方国家中显得较其他三者少，在东方却有着相当高的比例。稳健者的代表人物之一是甘地。

"C"是"Compliance（服从者）"的首字母，代表着组织、细节、事实、精准与准确。这类人扮演的角色是思考者。他们服从的是事情，而不是人；服从的是自己，而不是别人。

服从度高的人，在传统的归类中不过是个以规则为导向的人，但新近的研究却显示，守规矩只是他们的特征之一，他们性格中隐含的控制与被动两股力量，使得这种类型的人格其实要复杂许多。事实上，服从者可能是 DISC 四种类型中最复杂的一种变量。服从者的代表人物之一是比尔·盖茨。

需要特别说明的是，其实每个人身上都有以上这些特质，哪个特质相对比较突出，我们就说他是哪个特质的人，比如"某人是 D 型特质的人"。

现在我们对 DISC 的四个特质了解清楚了，如果没有机会请专家帮忙作分析，那自己怎么能在最短的时间里判断对方谈判代表的行为模式？答案是：察言观色。

D 特质的人

1. 面部表情通常是严厉的，目光坚定，且敢于与人对视。

2. 穿着上简单、不花哨，偏好质地好的商务装。

3. 声音特征是音量较大，说话速度快，倾向于命令式口吻。

4. 语言风格简单明了，比如"说结果""好""简单点儿""看数据"。

5. 肢体语言上表现为：主动与别人握手，动作比较大，强调观点时身体前倾给别人压迫感，但是大多数时间会与人保持一定的距离。

6. 沟通风格上以事为主，直率、易怒、更喜欢表达而非倾听。

I 特质的人

1. 面部表情丰富，比较亲切，率真不掩饰。

2.穿着上时尚、漂亮、色彩鲜艳、注重搭配。

3.声音特征是音量较大，说话速度快，语调抑扬顿挫。

4.善于使用说服性的语言，喜欢用叠加词，比如"非常非常棒"！

5.肢体语言上表现为：动作比较大，热情且主动与别人握手，喜欢身体接触，比如拍肩膀以示鼓励，推一下肩膀以引起你的注意。

6.沟通风格上以人为主，坦诚、友善、情绪化、善于表达且表达欲望强。

S 特质的人

1.眼神和面部表情平和，友善，面带微笑，避免目光接触。

2.穿着上没有特色，低调随意，讲求舒适，相对保守。

3.声音特征是音量较小，慢条斯理。

4.多用赞同、鼓励性的语言。

5.肢体语言上表现为：接纳的姿势，喜欢身体接触，动作缓慢而稳定。

6.沟通风格上以人为主，说话慢，行动慢，善于倾听，不情绪化，不轻易表态。

C 特质的人

1.眼神平和，没有攻击性，避免目光接触，善于控制表情，比如紧闭双唇，皱眉。

2. 穿着上衣着整洁，干净、简单、简洁，不惹人注目。

3. 声音特征是音量中等，语速较慢，语调单一，相对严肃。

4. 多用精确性的语言，喜欢用数据说话。

5. 肢体语言上是僵硬直板的姿势，避免身体接触，动作缓慢稳定。

6. 沟通风格上以事为主，陈述较少，喜欢谈论他熟知的事物，不主动沟通。

通过察言观色，你大概可以判断出对方谈判代表是具有哪个特质倾向的人，然后可以根据下面四种谈判者类型去制定相应的谈判战略：竞争型（D型特质）、折中型（I型特质）、合作型（S型特质）和分析型（C型特质）。

竞争型的谈判者（D型特质）：会用非常直截了当、咄咄逼人的态势说话，给人的感觉就是直接、生硬、坦诚、注重权力和掌控，很难对付。他们更善于通过极限施压让对手在谈判中作出让步。

折中型的谈判者（I型特质）：天生就是包容的人，他们做事喜欢折中，通过不断寻找交换条件努力促成双赢。

合作型的谈判者（S型特质）：他们注重关系和谐，表达信任和关切，与他们打交道是件开心的事。谈判中他们常努力营造融洽的气氛和提供新的选择方案。

分析型的谈判者（C型特质）：他们的分析能力很强，注重流程，所有的结果都用数据来呈现。他们很务实，且有条不紊。不幸的是，他们总是会给人们留下一种疏远和冷漠的印象，虽然这并不是他们的本意。

最后，我们来看看从我们自身的角度，如何成为更好的谈判者?

1. 要融合上述四种风格：开场的时候可以突出 I 型特质，给人愉快的感觉并用互动的方式去阐明你的立场，同时关注对方的需求；处理关系的时候突出 S 型特质，以人为本，追求人际关系的和谐；讨论问题的时候突出 C 型特质，不仅把问题考虑清楚，而且要让数据"开口"说话；做决定的时候突出 D 型特质，直接干脆，绝不拖泥带水。

2. 聚焦要达成的目标：坚持自己的最佳立场，努力实现自己的诉求。

3. 关注谈判对象的风格：适应他的风格，取得预期的结果。

BATNA：
你必须要学会的第三选择

2016 年上半年，中国互联网打车市场一片红海。两大巨头一个是国内的滴滴；一个是美国的优步。为了占领市场，两家公司都希望通过"补贴战略"（为使用打车软件的乘客和司机提供补贴）继续扩大市场份额。优步筹资近 130 亿美元，虎视眈眈。滴滴刚刚完成了新一轮 45 亿美元的融资，整军备战。滴滴与优步中国已累计融资超过 200 亿美元，没有人知道在这场看起来是零和游戏的战争中谁会先倒下。

其实早在 2013 年，在完成来自腾讯的 B 轮融资后，滴滴的 C 轮融资就遭遇了阻击战。滴滴领导层抱着"试试看"的想法拜访过优步创始人 Travis Kalanick。对方开出的条件是要持有滴滴 40% 的股权，这导致双方没有机会达成共识。到了 2016 年"烧钱大战"正酣时，有传言说两家公司有可能会合并，但是滴滴总裁柳青表示，合并是完全不可能的，而优步则拒绝对此发表任何评论。看起来，双方的选择只有"你死我活"，似乎已经没有别的选择了。

然后，就在 2016 年 8 月 1 日，滴滴出行官方正式宣布与优步全球达成战略协议，将收购优步中国的品牌、业务、数据等全部资产在中国大陆运营。优步全球将持有滴滴 5.89% 股权，相当于 17.7% 经济权益，优步中国其余中国股东将获得合计 2.3% 经济权益。滴滴也因此成了唯一一家腾讯、阿里巴巴和百度共同投资的企业。两家企业通过相互持股的方式，共享全球及中国的资源，结束了激烈的竞争。

对于两家公司来说，这个结果很有可能就是运用了 BATNA 的 Plan B（计划 B）这个概念。BATNA 是谈判最佳替代方案（BATNA：Best Alternative to a negotiated agreement），指的是假如目前的谈判不成，达到目标所在的其他可能性。"谈判协议的最佳替代方案"这个概念是由罗杰·费舍尔和威廉·尤里在他们的著作《实现正确》中提出的，反映的是"如果被提议的交易无法实行，则当事人可能采取的行动过程"。

这也让我想起了著名管理学大师史蒂芬·柯维的封山之作《第 3 选择》。在这本书中，柯维写道：面对任何问题，大家惯用的思维是二元的。二元思维的选项就是非此即彼、非黑即白、非美即丑、你对我错、你输我赢、你死我活，等等诸如此类最常见的范式。看看莎士比亚歌剧中那句著名的台词，都是"To be or not to be"两个选项，它压根就没有考虑"If not to be""what if"的场景。

如果用二元思维进行选择的话，那就只有第 1 选择和第 2 选择。第 1 选择就是按照"我"的方式进行，比如，我赢、我做主、听我的。第2选择是按照"你"的方式进行，比如，你赢、你做主、听你的。而用二元思维进行选择的冲突点往往就在于，到底是你的选项比较好，还是我的选项更靠谱，很难马上验证和达到统一。因此，不论选择哪一方，都会有人觉得自己吃亏了、不公平和不值得。

史蒂芬·柯维指出，这时不妨考虑第3选择：超越"你的"或"我的"方式，设法找到更高明、更好的方法，让双方都能从冲突中找到一条出路。

20世纪80年代中期，美国一家大型企业来中国投资，双方在投资方向、投资额、投资时限、管理方式等方面很快达成了共识，但是在起草合资企业合同时发生了严重的意见分歧，美方坚持要求在合同中写明，该合同的适用法为美国某州州法，中方代表则认为，既然合资企业是在中国，就必须遵守中国相关的法律，而美方的这种建议无视我国涉外经济法规的要求，不能予以考虑。双方立场都很坚定，谁也不肯退让。这时，中方向一位通晓中外双方经济法的专家咨询，了解到美方之所以提出这样看似无理的要求，主要是因为他们担忧当时中国在保护知识产权方面法律体系不完备的现状会导致产权信息无法得到有效的保护。中方经过研究后觉得他们的担忧不无道理，于是开始积极筹备第3选择。一方面，中方直接与该公司总部的法律部主任取得联系，解释我国法制建设情况及对保护技术的积极态度；同时提出一个建议方案，即在合同中明确表达：该合同适用法为中国法律，在我国现有法律的个别不完备之处，补充几个专门的保护条款，这些补充条款适用法为美国纽约州州法。这一方案提出后，美方代表对我方的诚意十分敬佩，并很快同意我方方案，僵局随之化解。

该案例成功的原因关键在于一方深入理解了另一方的诉求，并且制定出了对方可以接受的第 3 选择（替代方案）。

德国的一家跨国企业找到中国一家知名的生产代工企业，想评估一下这家企业能否为他们生产一款高端产品。出于多方面考虑，德国企业要求中国代工厂只能在自己的工厂里生产，不可以外包给外边的供应商。不巧的是，这家代工企业没有生产这款产品必需的一个设备，如果要投资的话需要上千万元，这不仅需要较长的一段时间才能到位，而且后续的设备利用率也不高，显然，投资这台设备是不现实的。而代工企业的供应商里有能做这款产品的，但是这又不符合客户的要求：只能在自己的工厂里生产。项目合作谈判陷入了僵局。

后来，中方的销售总监和德方的项目负责人就此事进行了一次长谈。了解到德方最大的顾虑是担心代工企业的供应商在质量体系方面的管理不到位、安全工作做得不好，导致新产品的质量无法保证，影响品牌形象。其次，有可能存在的信息泄露也会削弱新产品的市场竞争性。

面对德方的以上顾虑，代工企业找到了能力最强的一家供应商，落实了对生产车间做隔离和实行严格的进出制度管理措施，并对相关生产、质控人员做专项培训，代工企业前三个月给供应商提供免费的质量管理辅导，批量生产前由德方企业到工厂作审核，以及随时欢迎德方对生产方进行合理的临时检查等。

最后，双方愉快地签订了合作协议。德方企业对于中方企业提出的这个第3选择赞赏有加。

第3选择的核心理念是创造力，最根本的是双方都愿意一起创造新的合作模式，而不是彼此都希望打败对方。因此，任何事情的结局都不应该只是"对"与"错"，"赢"或"输"，而是应该有第3选择。

BATNA（谈判协议的最佳替代方案）是要求谈判者考虑在未能达成交易的情况下，可能发生的最优结果是什么，并且把现有的交易与这个替代方案进行比较。确定BATNA的方法是：如果协议失败或是谈判陷入两难境地，列出所有你能想到的替代方案，评估替代方案的优劣势和可行性，选择出一个最好的替代方案。

举个例子，你去找老板要求加薪。（这绝对是个谈判！）你手里已经有两个工作机会的邀约，但是基于整体情况考虑，你还是想争取一下在现在所在的公司涨薪的机会，没准儿能成功呢？这样就不用折腾了。那怎么确定涨薪的金额呢？经过前期评估后，你确定了其中一个新工作机会是BATNA。确定要求涨薪的金额就是那个新工作机会承诺的薪水和现有的薪水之间的差额。当然，我知道你会综合考虑各种成本因素，而不仅仅是月薪。

所以"谈判协议的最佳替代方案"为谈判者提供了一种确定底线的方式，谈判者可以以这个底线为基础，决定自己接受或拒绝某个方案。

在我看来，第 3 选择和谈判最佳替代方案有异曲同工之妙。二者的区别在于，第 3 选择达成的谈判结果包含 BATNA（谈判协议的最佳替代方案）的结果，因为第 3 选择的结果既有可能是 Plan A 的延展（增量创新），又有可能是不同于 Plan A 的 Plan B（从无到有的创新）。

在谈判中运用第 3 选择的时候应该注意这样几个问题：

1. 选择的结果应该是与当前谈判结果相近的，而且是双赢的。

2. 不能为了妥协而做第 3 选择。从某种程度上讲，第 3 选择是一种创造性的协同工作模式。

3. 原则问题不能妥协。比如，"案例二"中，美方要求整个合同适用的法律为美国某州州法，这就属于原则问题，绝不能妥协。

4. 协同是建立在知己知彼的基础上的。这样双方的谈判者更容易找到第 3 选择的解决方案。

共情力：
打造一个渲染情绪的高手

《共情的力量》一书中，这样解释共情的本质：把你的生活扩展到别人的生活里，把你的耳朵放到别人的灵魂中，用心去聆听那里最急切的喃喃私语。

需要注意的是，共情不是同情，而是与别人产生情感上的共鸣。共鸣是指思想上和情感上相互感染而产生的情绪，共情是深入他人的思想、从他人的角度体验世界，是站在别人的立场上、感知他人的感受的能力。

共情力是指理解他人特有的经历并相应地做出回应的能力，又称作同感、同理心等，是人本主义创始人罗杰斯所阐述的概念，一般是心理咨询师对来访者使用的一种技术，普通大众在人际关系中亦可使用。通俗点说，共情力就是你能站在对方的立场上与其感同身受的能力。

我们每天都在与人打交道，因此需要千方百计地找到机会与他人共鸣，这样才能理解他和影响他。

好的共情力会带来什么效果呢？请感受一下下面这些话——

她的视频带给了无数人治愈的力量。

看完这个视频，我去扔掉了我的垃圾，熨烫了我的衣服。

看她的视频，仿佛自己也暂时脱离了生活常态，放下了浮躁，游离在田园，体验了一把原以为不属于自己的安宁。

所有人都喜欢你的频道，因为它提醒了我们和平与美好。

这是目前世界上最好的频道。她鼓舞了我和全世界，她就像一个公主。

你的勤劳、爱的天性和照顾祖母都让我喜欢。上帝保佑你！

我来自印度，我看了你的很多视频。很好！

毫无疑问，这些国内外网友的留言都充分体现了他们在视频中找到了共鸣，感受到了被治愈的力量。这位视频博主就是火遍全球，连中央电视台和《人民日报》都为她点赞的李子柒！为什么她的视频有治愈的力量，而且几乎不分国家、横跨文化、没有边界？看了她的多篇视频后，我总结出了十个字：真实、态度、生动、具体、有价值。

真实：视频里再现的是四川大山里每日生活的点点滴滴，原汁原味。网友们知道那样的情境、那样的味道。

态度："罗马不是一天建成的"，所有的成功都不是一蹴而就的。视频里的李子柒做事有态度，工作有干劲儿，生活有仪式感。

生动：几乎每个视频都展现着李子柒超强的动手能力、创造能力和工匠精神，而且视频个个制作精良，画面唯美。

具体："天呐！她在做玉米片。而且是从头开始做起！"一个外国女网友惊呼！和其他美食博主不一样，李子柒团队拍摄手工美食的时间跨度非常大。比如：要用传统手工酿造的酱油烧菜，那集视频不是从"我们已经有酱油了，现在开始炒菜"拍起，而是从"我们如何种出黄豆拍起，然后用黄豆酿酱油"拍起。

有价值："被治愈"这个说法出现在很多网友的留言中。现在可以说是"全民焦虑"的时代，抑郁症患者与日俱增，不用看医生，不用吃药，也不需要付费，甚至都不用打扰别人就能被治愈。你说这有多么美好，多么重要！

那么，话说回来，我们在谈判中要怎么运用共情力去营造一个双赢的结果？

有一年年底，一个供应商的销售副总到他们的大客户所在的公司，说是专程去拜访新上任的采购副总，实际上是想借着这个机会谈涨价。这之前的早些时候，他们已经向这家公司的采购总监提了几次涨价要求，都被采购总监以"采购副总还没到位"为由婉拒了。最近他们听说新的采购副总已经到位，又正好赶上一年一度的价格谈判季，于是就第一时间赶过去了。

这家供应商为公司提供铅酸类电池产品，是公司的关键物料供应商之一。双方合作已经有十多年，往年的降价业绩也算是可圈可点，尤其是在铅酸电池实施国产化的前三年。同时，近年来随着国家大力推行环保举措，铅酸电池行业整体不景气，生产成本越来越高，而且已经无法再拿到政府补贴。还有，原材料价格呈现不断上扬的趋势，而面向客户的实际价格调整相对滞后。

会议开始后，客户方的采购总监回顾了这家供应商当年的绩效表现。虽然没什么亮点，但是总体来说各方面绩效指标都达到了优良的水平，但成本节省一项除外，只有0.6%。

紧接着供应方的销售副总发言了。因为和采购副总是第一次见面，所以他先介绍了公司的整体情况、双方正在合作的项目，以及潜在的合作机会、合作中的一些反馈等。最后，将焦点放在了要求涨价这件事上。为了证明涨价的合理性，销售副总从政策、科技、环保、大宗原材料的价格趋势和生产成本等几个方面做了全面的说明，说得也是有根有据。"综上所述，我们希望明年的价格涨2%。这样我们就能够更好地为贵公司服务"，销售副总最后说道。

采购副总静静地听完了他的陈述，他说的第一句话是："李总，非常感谢您今天的到访。您说的这些我都感同身受！"紧接着，他说："我们之间的合作已经超过了十年，这十年期间除了有4年因为铅价涨得非常厉害，贵公司没有贡献成本节省以外，其他年份都有2%—5%的降幅。这对于铅酸电池行业来说是非常不容易的！现在的铅酸电池市场确实面临着很严峻的考验，一方面原材料价格很不明朗，制造、人工、物流、包装箱、塑料壳的成本不断上扬，环保合规成本也是企业必须要考虑的。另一方面，随着锂电池价格继续下降，国内新招标的基站储能、风电项目等均已明确表示不再使用铅酸电池，铅酸电池的市场份额将进一步遭到挤压。"

供应方的销售副总一边听着，一边不住地点头，颇有一种"英雄相见恨晚，只有你懂我"的感觉。心想采购副总做了这么多铺垫，产品涨价这件事有指望了！

只听采购副总继续说：

作为我们最重要的采购物料之一，我们一直很关注铅酸电池市场的情况以及贵公司整体的发展状况。所以我们完全能够理解贵公司在业务发展上遇到的种种挑战。

当然，从另一个角度来说，我们的客户一直在敦促和跟进我们不断降低价格，提高服务水平来助力他们提高竞争性，否则我们的业务份额和口碑都有可能受损。

基于这些，下面我想分享三点，希望能够就价格管理方面达成共识：

第一，感谢贵司一直以来对我们的支持！尤其是最近刚刚起步的供应商管理库存项目，这对我们的交付绩效有很大的帮助。我们与贵司一直都是战略合作伙伴关系，这一点从业务量稳步增长、健康的付款周期以及给予新产品的机会上都可以体现出来。我们也希望能将这种良好的战略伙伴关系发展下去。

第二，事实上，我们在成本优化和效率提高上也遇到了很大的挑战。下面我跟您分享下为了满足客户需求，我们已经采取的措施以及收效：

1. 优化人力成本。我们精简了高达 10% 的供应链团队！这主要是通过合并职能、优化供应商数量，以及取消分部采购运营人员达到的。

2. 优化运营成本。从第四季度开始，我们严格控制差旅成本。凡是与产生直接销售额无关的差旅一律取消，甚至从 CEO 到一线员工，出国飞机的仓位一律是经济舱，海外差旅甚至需要 CEO 亲自审批。同时，我们正在研究如何有效降低通信费用、市场活动费用等等。

3. 优化采购成本。我们做了进一步的集中采购的动作，比如对于间接原料，我们与某电商平台合作实现了平台化采购，这既节省了物料成本，也节省了人力成本。

4. 优化时间成本。我们重新梳理优化了采购流程，预计年节省时间达到 1000 小时。这样节省出来的人力资源可以将重心放在推动成本优化上。

5. 优化生产成本。我们引进了两台机器人，替代了约 30 多个工人，同时效率提升了 50%，而且再也不用支付员工加班费了。

经过以上的措施，我们已经节省了数百万美元，这些都将为优化我们的产品成本做出贡献。如果贵司还没有采取上述的一些措施，可否尝试一下？我很希望您能够将优化成本的压力传递给您的供应链部门，他们应该为这个负责。如果有需要，我愿意与您的供应链领导交流一下，看看我们能做些什么？

第三，作为战略合作伙伴，我们也愿意为贵公司做些事。比如，我了解到你们在流动资金上需要一些支持，基于双赢的结果，我们可以适当放宽账期。另外，我们也将考虑给予贵司提供更多新产品的机会，比如，优先考虑你们的锂电池产品解决方案，继续将我们的'蛋糕'做大。对于我们这个行业和贵司的产品品类，每年通过降本增效达到 3%—5% 的成本节省是客户的一个根本需求。如果贵司在采取了上述措施后还是面临很大的降本压力，我们再坐下来谈一下。

经过这次会议，这家供应商最终贡献了 1.2% 的降价，而不是最开始的想涨价 2%。

后来，销售副总回去之后先找了 CEO 汇报了谈判情况，他说这个新上任的采购副总是个很懂行的人，他不仅能够站在我们的立场去看问题，而且还能有针对性地提出具体的成本优化建议。有些建议他听起来很受启发，也找到了共鸣的感觉——设身处地，可以落地！然后销售副总与供应链总监仔细研究了会议中提到的各种成本优化方案，并最终从一些方案中获益，同时他们也因地制宜地又挖掘出了他们自己的一些方案，切实"把压力传递给供应链部门"这个期望落地了。

某知名企业家曾经说过，B2B（Business to Business）的

本质并不是"业务对业务"或者"公司对公司",而是 BP2BP
（Business People to Business People），即商人对商人。所以他主
张在任何情形下都要首先想如何处理好人和人之间的关系。而
处理好人和人之间的关系的一个很重要的方面是要有共情力。
一旦激发了双方的共情力，任何事情都是可以谈判的。而如果
谈判的时候买方不顾及卖方的情况和情感，直接说："明年降价
目标是 10%，你怎么降我不管，达不到目标就出局。"那这个谈
判八成是要谈崩了。

交响力：
你不是一个人在战斗

一个篱笆三个桩，

一个好汉三个帮。

为了大家都幸福，

世界需要热心肠。

这首当年脍炙人口的流行歌曲在 20 世纪 90 年代曾风靡中国的大街小巷。它就是由谷建芬谱曲，乔羽填词，刘欢演唱的《世界需要热心肠》。它所展现的就是交响力之美。

什么是交响力？就是把单独的要素组合在一起的能力，并且形成 1+1>2 的效果。就如歌曲中唱的："只要你我热心相处，懦夫也会变成金刚。"丹尼尔·平克的著作《全新思维》是这样定义交响力的：交响力是一种综合能力，是发现看似无关的领域之间的联系的能力。这就像作曲家和指挥家所具备的能力一样，他们需要将各种不同的音符、乐器和演奏人员组合在一起，演奏出和谐的、悦耳的乐曲。

而要做一场好的谈判恰恰需要这样的"交响力"——你需

要把与谈判相关的各个要素有机地组合在一起，这些要素既包括了谈判所需要的各种情报、数据、洞察、供求关系、环境因素，等等，也包括了谈判双方代表以及相关团队这个最关键的要素。比如，谈判的时候，你的伙伴该怎么配合你？配合得好，你会觉得你站在风口上，随时可以飞起来；配合得不好，你只能心中默念"不怕神一样的对手，就怕……"

又到了一年一度的谈判季。公司的采购副总和采购总监约定两周后去跟一家重要的供应商谈明年的价格。谈判前，他们开了几次会讨论谈判策略。

总结起来就是：下属"务实"，打好经济基础；老板"务虚"，搞定上层建筑。这里的经济基础和上层建筑都是交响力里重要的元素。

什么是经济基础？就是谈判中需要的第一手信息、数据、资料和情报。

比如，内部可以搜集到的信息，包括采购品类、采购的规格参数、采购的物料清单、历史采购额、曾经使用过的供应商、供应商绩效表现（质量、成本、交付、服务等）、发生过的重大质量、交付和服务的问题、供应商评级和战略，等等。外部可以获得的信息，包括市场上整体的供求关系、趋势变化、汇率波动、供应商的市场份额和地位、竞争对手的情况、可以对标的价格，等等。另外，如果是上市公司，可以看公司的季报、半年报和年报中与谈判相关的关键指标，比如销售情况、盈利情况、负债情况、库存周转率，等等。如果是非上市公司，可以参考第三方提供的一些信息，比如通过"天眼查"可以查询企业架构、法人关系、自身风险、周边风险，预警提示等信息。

什么是上层建筑？就是看似无形，但是往往起决定性的因素。比如，物质方面的包括宏观层面、行业层面和公司层面；精神层面的包括企业的品牌、文化、愿景和价值观。

其中，宏观层面的情况可以用 PESTEL 模型进行分析，也就是 Political（政治因素）、Economic（经济因素）、Sociocultural（社会文化因素）、Technological（科技因素）、Environmental（环境因素）和 Legal（法律因素）。

Political（政治因素）：是指对组织经营活动具有实际与潜在影响的政治力量和有关的政策、法律及法规等因素。

Economic（经济因素）：是指组织外部的经济结构、产业布局、资源状况、经济发展水平以及未来的经济走势等。

Sociocultural（社会文化因素）：是指组织所在社会中成员的历史发展、文化传统、价值观念、教育水平以及风俗习惯等因素。

Technological（科技因素）：既包括引起革命性变化的发明，也包括与企业生产有关的新技术、新工艺、新材料的出现和发展趋势以及应用前景。

Environmental（环境因素）：一个组织的活动、产品或服务中能与环境发生相互作用的要素。

Legal（法律因素）：组织外部的法律、法规、司法状况和公民法律意识所组成的综合系统。

公司层面主要涉及的是合作关系、战略举措、业务规划、各部门协同等方面。

谈判一开始，采购总监从数据入手，分析了市场供求关系、价格走势和明年用量预测，并重点强调了"采购价格在近两年没有令人满意的持续优化"这一现象，希望明年一定要有所改观。

供应商这边的销售总监也不甘示弱，一边表示原材料成本、人力成本以及环保合规方面的成本不断上扬，一边强调即使成本一直在上涨，作为大客户，他们也并没有涨价。不过明年必须要涨价了……

就这样，你一言，我一语，谈判进入了胶着状态。

这时候，采购副总开口了。他提到了国际层面的经济形势，比如全球经济的不确定性和对供求关系的影响、由于成本上升而导致的制造业不断外流……同时，他分享了自己公司是如何开源节流和降本增效的。最后，他强调了双方应该加强已经建立的战略合作伙伴关系以及下面1—3年的业务愿景展望和达成的前提条件。

供应商这边的老总自然举双手赞同，他积极表示在经济下行之际，能一起活下去才是首先需要考虑的问题。

谈判持续了5个小时。最后，双方同意一起努力保住业务量。卖方降价5个点，买方提高预测的准确率，妥善处理呆滞料，优化付款周期。

在整个谈判过程中，交响力是如何发挥作用的？

第一步：谈判前的交响力。

1. 跟老板讨论谈判策略。

2. 确定分别需要收集和关注什么资料。

3. 如果有多个供应商谈判，要确定谈判次序——先谈哪个，后谈哪个，这很重要。而且这个答案不是唯一的，要具体问题具体分析。

4. 确认谈判时各自的角色定位。

5. 约定底线和底牌，比如价格到什么水平就不能再低了或者再高了。

第二步：谈判中的交响力。

1. 各自进入预设的角色。你"务实"，主谈经济基础；老板"务虚"，主谈上层建筑。

2. 通常情况下，下属"唱白脸"多一些，老板"唱红脸"多一些。

3. 注意和老板在观点和语言上的一致性和连贯性。

4. 根据老板的谈话风格和预设的话题、角色，适量控制话语量。

5. 出现任何尴尬的局面（这可能也是预设的一部分），下属需要适时打圆场。

第三步：谈判后的交响力。

1. 下属追踪、确定最后价格。

2. 如果结果达不到预期，继续谈判议价，轻易不要再请老板出马。

3. 谈判结果确认后，如果有必要，老板可以根据对方的"出场"次序以书面形式表示感谢。

故事力：
用故事创造共同想象

　　故事创造想象，想象产生力量。读《全新思维》时，里面有一句话让我很震撼：让人生存下去的不是食物，而是故事。

　　望梅止渴的故事大家都不陌生吧？

　　曹操在为炎炎夏日里一路行军、口干舌燥的士兵们描绘了"前方有一片梅林"的故事画面后，士兵们联想起了梅子的酸味，嘴里顿时生出了不少口水，精神也振作了起来，鼓足力气向前赶去。最后，曹操如愿以偿地率领大家找到了水源。

　　著名心理学家罗杰斯曾说过："人类生来并不能很好地理解逻辑，但是却能很好地理解故事。"纵观人类历史，故事从来都没有缺席过，尤其是在文字还没有被发明的时候。

　　晚上，原始人完成了一天的劳作回到住处，大家围坐在篝火旁，分享自己白天经历的种种。有的人讲述自己如何遭遇猛兽，又是如何逃生的；有的人告诉同伴自己发现了捕鱼的新方法，并且详细讲解了怎么才能捕捉到更大的鱼；有的人说发现了更美味的浆果，明天会带领大家循着标记一起去采集……

　　通过口口相传的故事，原始人学会了生存进化，现代人创造着共同想象。

《人类简史》一书中也提到过，人类的认知革命开始于讲故事。讲故事能够帮助人们虚构一个理想世界，让人们赋予具体的事件以特定的意义，并且产生共同想象，从而凝聚人们的信念，让大规模的协作和协同成为可能。人类之所以能够不断进化并成为万物之灵，与故事力这一底层思考方式是密不可分的。

故事力是指把信息放在某一个情境之中，使之具有某种情感冲击力的一种能力。而故事力之所以能够产生这种能力，是因为故事力具备了下面几个条件：

1. 容易理解：大多数故事情节，当事人都可能亲身经历过，或者曾经想象过，所以并不陌生。

2. 容易接受："故事"是通用语言，大人、小孩通吃。在这个信息过量、知识过载、热点速朽的时代，没有人喜欢一直听大道理。

3. 容易共鸣：它激活了我们的右脑思维，调动了我们的感性神经，让我们产生了一种"同呼吸、共命运"的代入感。这对于商业应用尤其重要！别忘了，人们其实都是用右脑做决策的。

如今，对于生活在复杂的商业环境中的我们，要想在与人工智能的竞争中脱颖而出，掌握故事力是必须的。只有掌握了故事力，才能更有效地说服他人、赢得认同，并且在谈判中取得双赢。越来越多的企业都在逐渐认识到，故事力就意味着金钱。

案例一

某著名科技公司 A 在 1984 年 1 月 24 日新款电脑上市发布会上播放了一则广告。这则广告其实是讲了一个"打破控制、拥抱自由；挑战旧势力、迎接新世界"的故事。当时的背景是 A 公司某个系列的电脑在经历了几年的热销后开始走下坡路，而 1981 年其竞争对手 B 公司研发问世的个人电脑势头正旺，不断涌入企业和家庭，蚕食着 A 公司在电脑市场的份额。在 A 公司眼中，B 公司这位电脑世界的"大哥"想要控制新兴的个人电脑市场。但是 A 公司对 B 公司电脑一直采用 DOS 命令行纯文本用户界面嗤之以鼻，认为大家有权利做出选择——用上更好的图形用户界面的电脑，也就是他们当时发布的最新款电脑。借着广告里的故事，A 公司表达了自己的理念和目标：让人民而非政府或大公司掌握和操纵技术，让计算机变得普通人皆可使用而非控制人的生活。

这个 60 秒长的广告仅在 1984 年 1 月 22 日的一场橄榄球大赛的电视转播中播出了一次，却造成了空前的轰动，各大电视台开始不断重播，还有上百家报刊杂志评论这则广告的现象和影响，这些都为 A 公司和它的最新款电脑做了免费宣传。

案例二

2020 年 8 月 11 日，M 公司创始人用 20 个故事、长达 3 小时的公开演讲，回顾了自己过去 10 年的创业之路。其中，搞定 × 公司一块屏幕的那场谈判亮点很多。M 公司创始人说："做最好的手机，当然要用最好的供应链。比如屏幕，我们就想用×公司生产的，但人家根本不理我们。为了搞定这块心心念念的屏幕，我动员所有关系联系×公司，绕了一个巨大的圈子，通过金山的日本分公司，找到三井商社，再请三井商社高层出面，争取到了和×公司总部沟通的机会，最后时间定在了3月26日。"

当时的情况是比较特殊的，因为2011年3月11日日本刚刚发生大地震，并且发生了电厂的核泄漏事故。×公司总部在大阪，虽然核辐射的影响不大，但那时人们对整个日本岛都敬而远之。为了能见到×公司的高层，他们还是下决心飞大阪，结果三个创始人上了飞机才发现整个机舱只有他们三个人。到了×公司总部，整幢大楼也只有他们这一批访客。后来，他们和×公司高层的谈判取得了预期的效果，M公司创始人说是他们的诚意打动了×公司高层！而我们能想象的是，他们在谈判中至少讲了三个故事：

第一个，M公司是如何诞生的。它揭示了M公司的使命、愿景和价值观。

第二个，M公司如何打造它的"M粉"文化。让"M粉"们充分地参与到MIUI设计中来，它体现了M公司的产品战略：专注、极致、口碑好、快捷。

第三个，他们如何争取到与×公司高层会晤的机会，以及M公司的三位创始人是如何去到×公司总部的。它展现的是企业家的"敢做"精神、锲而不舍的品质和追求卓越的初心。

案例三

1972 年 5 月，尼克松访问苏联。

会谈中，双方在限制战略核武器问题的谈判上分歧很大。于是，勃列日涅夫讲了这样一个故事："从前有一个俄罗斯农民，徒步前往一个荒僻的乡村。他知道方向，但不知道距离。当他穿过一片桦树林时，偶然遇到了一个枯瘦的老樵夫，就问他此地离那个村子还有多远，老樵夫耸耸肩说：'我不知道。'农民听了有些泄气，稍微歇息了一下准备继续赶路。突然，老樵夫又说话了：'顺着这条路一直走，估计再走 15 分钟就到了。'农民听了莫名其妙，转过身问道：'原来你知道啊？那我第一次问你的时候你干吗不说？'老樵夫不紧不慢地答道：'我先得看看你步子有多大啊。'"

故事讲完了，尼克松听了微微一笑并点了点头，他明白了故事的含义：苏联就是那个老樵夫。在限制战略武器的问题上，苏联要先看美国让步的幅度有多大，然后才能得出自己的结论。试想，如果勃列日涅夫上来就直说要看美国人的让步幅度，这很容易让谈判陷入僵局，而用一则小故事，则既说明了顾虑，也点明了方向。

故事力包含三原则：

1. 故事最好短小精悍，不宜太长，否则大家记不住。

2. 故事的开头要设计得足够吸引人。比如，用一个悬疑问题作为开头，能更充分地调动起大家的注意力。

3. 故事整体的逻辑、内容和结论要经得起考证，尤其是在商务关系中，那意味着口碑和信用。所以，要尽量少画或者不画大饼。

怎么培养故事力？

第一步：输入。

多留意、观察、发现、阅读和创造。

艺术源于生活又高于生活，故事也是。留意每天交往的人，观察身边发生的事，发现工作的乐趣，挖掘阅读的价值，创造独一无二的属于自己的故事。每个人都有自己的故事，人人都是自己经历的总导演。

第二步：积累。

多收集、组织和整理故事素材。

注重收集、整理好故事，有时间的时候多读读，增加培养故事力的感觉。有条件的可以把素材放在一个知识库里，需要的时候可以全文搜索，跨越不同的文章看类似的故事。这对于商业应用非常有帮助。

第三步：输出。

多思考、写作和改编故事。

写作是输出，思考是输出的前奏。思考的过程是消化、吸收、整理和转化的过程。只有转化成自己理解的东西，才能即需即用。

写作是创造的过程，改编是再创造的过程。坚持每天改编一个故事，或坚持每天都写点什么，久而久之，就能练出自己的故事力。

利用七个维度打造"沟通即服务"

云计算有一种服务模式叫"SaaS——Software as a Service"，也就是"软件即服务"。SaaS 利用互联网向用户提供应用程序，用户无须在客户端进行任何下载或安装，即可在各种设备上直接通过客户端界面，比如 Web 浏览器运行。

作为一种通用技能，沟通也具有软件的属性，不仅自身功能强大，可以随时调用，而且"即插即用"，兼容性和可扩展性很强，可以全方位地为沟通模型的七个维度提供服务。我把这种服务模式叫"CaaS——Communication as a Service（沟通即服务）"。

产品差异化：
差异化让你的产品脱颖而出

产品差异化的核心是：人无我有，人有我优，人优我精，人精我强。

以家用无线路由器为例子。

人无我有：你的产品支持 4G，我的产品支持 5G。

人有我优：你的 5G 产品带宽是百兆级的，我的 5G 产品支持千兆级的。

人优我精：你的千兆级 5G 产品是一个只有主机的单品，我的千兆级 5G 产品支持子母机（即通常我们说的一拖二——将子机放在离主机远的区域一样保持良好的信号）。

人精我强：你的产品线只聚焦家用无线路由器，我的产品线是个生态，比如无线路由器、无线音箱、无线耳机、无线手环，等等。生态内的产品彼此可以实现协同，实现功能最大化和效率最优化。

作为一个优秀的销售人员，要怎么介绍公司的产品，讲出产品的差异化功能和特色呢？下面我们以几家全球领先的手机和电脑制造商为例，看看他们是怎么介绍自家的产品的。

A 公司：

【F】"杀手"级的图像，几乎所有的应用程序都依赖于图像。

【F】新的芯片是一款双核处理器，所以 CPU 的性能最高达到原来的两倍。

【F】图形处理器，速度最高达到原来的 9 倍，图形性能非常惊人。能耗和 A4 一样低。

【B】它比以前薄了不止一点，而是薄了三分之一，薄了 33%。

【B】在增加了这些功能后，保持原来的价格不变。

【D】待机时间超过一个月，足足 10 个小时的电池续航时间，其他许多厂商的时间远远低于这个数，这经过了所有试用者的测试。

【D】产品采用单一操作系统战略，不会像其他公司那样，使用一种双重或三重或四重的操作系统策略。

【D】这是需要最先进的设备，我们需要最好的操作系统内核技术，世界上最好的互联网网络。

【E】牛仔裤上的小兜是用来装音乐播放器的，解说人一边说着，一边把产品装进了兜里。

H 公司：

【F】采用最尖端天线系统，内部集成了 21 条天线，其中 14

条天线支持 5G 链接。

【F】"前刘海"更小,内置大量尖端技术,高度上更加小。背面采用 3D 玻璃,握持体验非凡。

【F】采用磁悬发声技术,音量键更加无形,侧滑随心调节音量。

【F】颜色有亮黑色、星河银、罗兰紫、翡冷翠。

【B】手机边角采用流线型设计,手机整体看起来十分光滑。

【B】在自拍方面,快门键随心移动,可将快门键放在任意位置

【B】采用磨砂下半部分设计,不用担心留下指纹,还能防止滑落,握持非常舒适。

【D】搭载 5G 芯片,集成了强大 NPU,最先进的 5G 双组网,支持 8 个 5G 的频段。

【D】散热方面,采用最先进的散热系统——石墨烯薄膜散热系统,在 5G 系统下依然有优秀的散热表现,且电池续航有所延长。

【E】演示 H 手机和一款韩国手机在中国移动的 5G 下行速度跑分对比视频。跟 4G 相比,H 的 5G 手机速度比 4G 了 50%,且支持双 SIM 卡 5G 链接。

× 公司:

【F】全陶瓷机身,是业界首款采用 Unibody 全陶瓷的旗舰,

工艺非常复杂。

【F】真空电镀玻璃后壳完全可以当成一面镜子，与高亮的不锈钢边框融为一体，观感极佳。

【F】一块完整的屏幕环绕机身 180% 的占屏比。

【B】超级省电，5% 的电量可以待机一整天。

【B】手机就是车钥匙，贴到车身就开门。

【D】放下对价格的限制，不惜一切追求极致体验，全力以赴冲击高端市场。

【E】亲自将自己的手机做实验，从 1.6 米的高度摔下。手机砸在水泥地上，电池飞出，手机仍然正常开机，没有任何问题。以此来证明手机质量完全有保障。

注意到这些产品介绍的共同点了吗？他们都无一例外地使用了"FBDE 法则"——Features（特征）、Benefits（利益）、Differentiation（差异点）和 Evidence（证据）。"FBDE 法则"简单来说，就是在找出顾客最感兴趣的各种特征后，分析这一特征所产生的优点，找出这一优点能够带给顾客的利益，最后提出证据，通过这四个关键环节的销售模式，解答消费诉求，证实该产品确能给顾客带来这些利益，极为巧妙地处理好顾客关心的问题，从而顺利实现产品的销售诉求。

Features（特征）

产品的特质、特性等最基本功能，比如小巧轻便、节能环保、操作简便，以及它是如何用来满足我们的各种需要的，比如，产品的特征可以从产品的选材、工艺、产地、制作过程、资格证书、特性等多方面深刻去挖掘这个产品的内在属性，找到差异点。

每一个产品都有它定义的功能，有些是消费者制定的，比如收音机是用来收听广播节目的。有些是生产厂商制定的，比如智能手机可以打电话，可以听音乐，也可以上网。销售人员必须要对一个产品的常规功能有足够深入的了解。除此之外，要深刻发掘自身产品的潜质，努力去找到竞争对手和其他推销人员忽略的、没想到的特性。当你给了顾客一种"情理之中，意料之外"的感觉时，下一步的工作就很容易展开了。

Benefits（利益）

作为消费者，最在意的就是产品能带给自己带来什么好处。比如，价格便宜、携带方便、待机时间长、自带录音功能、有配套的耳机，等等。

在销售产品的过程中，一切要以顾客利益为中心，通过强调顾客得到的利益和好处，激发他们的购买欲望。这个实际上是"右脑销售法则"特别强调的，用众多的形象词语来帮助消费者虚拟体验这款产品。

Differentiation（差异点）

满足了"利益（好处）"这个基本的需求之后，消费者会开始思考：同样的产品，我为什么要买你家的而不是他家的？你们的产品和他们的产品相比有什么差异点？这些差异点对我又有什么好处？

作为销售人员，你要列举出你们的产品和别人的产品的差异之处和比较优势。可以直接，也可以间接去阐述。例如："我们的快递服务是业界里最安全的，很多客户只通过我们寄送诸如身份证这样重要的个人身份证件和文件。"

能够对消费者的需求分析挖掘到足够深的程度，对其研发的产品增添对应的设计，无疑是为产品的热卖打下十分扎实的基础，但仅仅只是基于消费者需求研发产品本身，还不完全能称其为产品差异化。

非洲市场上有一款非常畅销的手机，它在非洲市场占有率高达 40%。之所以这么畅销，就是因为这款手机解决了非洲人民因为肤色深而难以自拍的难题，因此得到了许多非洲人民的追捧。这家手机公司的 CEO 表示："有些技术的难度并不是非常高，但是很多企业没有为用户考虑到细节问题，我们为用户想到了，钻研和打造了这个差异化技术。"

关于差异化，吴军老师也分享过他的经历：在过去的十年里，国内很多市长到美国招商引资，他也经常被邀请去捧场。坦率地讲，那些报告内容极差，因为如果你把相应城市的名字去掉，换成另一座城市，这个报告照样成立。这也是一个单位里经常可以看到"台上领导作报告，台下大家在睡觉"的原因。

根据吴军老师的经验，他分享了如何在申请资源时利用差异化的理由更容易地获得批准——一定要找一个别人没有的理由，即使它不是最重要的理由。讲自己的独到之处，别人都有的东西不讲。这样做的效果非常好。

为了突出差异化，讲解的时候用类比和比喻的手法更加直观，观众也更容易理解。

比如，智能手机刚上市的时候，它的发布人并没有直接称它为"一款全新的智能手机"，而是说："一个大屏幕 iPod ＋一个手机＋一个上网设备"。iPod 是手机和上网设备，这个大家都熟悉，这款智能手机既然是一个三合一的产品，大家自然也明白它的基本功能和用途。而"三合一"功能在当时本身就是最大的差异化。

Evidence（证据）

它包括但不限于评测报告、资格证书、顾客反馈（比如满意度调查）、客户认证和现场示范等，其中最具感染力的是现场演示。

通过现场演示，可以让用户直观地感受到产品和服务的先进、方便之处，增加"所见想所得"的购买冲动。另外，相关的评测报告、资格证书、客户认证等因为有第三方的参与，更具有客观性、权威性和可靠性。而顾客反馈的数据则是最鲜活、最具体的第一手资料。如果数据足够好，满意度足够高，就有可能带动更多的消费，因为根据"羊群效应"，人们都有从众心理，当面临太多选择的时候，人们更倾向于选一个大家都在用的、口碑不错的产品或者服务。

服务人性化：
以人为本的沟通是最好的服务

什么是好的服务？就是让客户满意。

什么是更好的服务？就是让客户感动。

什么是最好的服务？就是超越客户期望。

场景一

周末，我约了一个朋友在咖啡厅见面。这家咖啡厅在一个休闲购物中心，人流不息，咖啡店里也是熙熙攘攘，生意非常红火。轮到我点单了。

"先生，您点些什么？"店员问。

"您好！请给我来两杯大杯美式咖啡，另外麻烦您帮我加点热牛奶。""对了，如果可能的话，请给我们用马克杯。"我补充道。

注：如果咖啡不外带，我通常都会选择用马克杯。这样做一来环保，二来可以少吃些石蜡到肚子里。

一个年轻的男店员开始找杯子……

"先生，抱歉。大号马克杯只剩下一个了。"他遗憾地看着我。

"请问你们有中号马克杯吗？"我满怀期待地问。

"我看一下，哦，我们还有一只中号马克杯，但是……"他把后半句话咽了回去，可能是怕我为难，或者怕重新走流程，因为大杯和中杯在容量上有差异，价格上也差了 3 元钱。

就在我要说"没关系，就用中号杯就可以，已经很感谢了"的时候，另一个稍微年长些的女店员闻声走过来说："先生，很抱歉我们只有一只大号杯子了。您看这样好吗：我们给您使用的浓缩咖啡量都是大杯的，只是中号杯里加的热水会少一些。您有需要的时候，我们再给您续热水。"她微笑着征询着我的意见。

"好，非常感谢。"我笑着说。

好的服务就是解决客户的问题，让客户满意。

场景二

很快，两份浓缩咖啡做好了，再加入热水就秒变美式咖啡了。

女店员问我："先生，有两个问题跟您确认一下：您是习惯先放牛奶再添热水还是先添热水再放牛奶？您知道这两种做法做出来的味道是不一样的。另外，牛奶量加多少符合您的口味？方便的话，您可以给我示意一下要加的高度吗？"她说完，笑盈盈地看着我。

"您真周到！请先放牛奶，再添热水。牛奶嘛，加这么多就好。"我一边表示由衷的谢意，一边用手比划了一下。

更好的服务就是想到客户要解决的问题，让客户感动。

场景三

有一次我去外地出差，晚上回到酒店，看到桌上的便签写着："您好！看到您房间有鼠标，所以书桌上为您准备了鼠标垫，希望可以帮到您。使用电脑的同时也要注意休息哦！祝您居住愉快！——客房服务员"

房间的办公桌是玻璃桌面，没办法直接用光电鼠标，我在这之前就用那本一边高一边低的黑色的宾客手册当作鼠标垫对付着。不过我当时并没有打客服电话询问过是否有鼠标垫，所以我并没有期望会得到它。所以，看到鼠标垫的一瞬间，我有一种感动。

最好的服务就是想到客户可能要解决的问题，超越客户期望。

那不好的服务是什么样的呢？分享一个朋友的一次酒店入住经历：朋友从浴室出来，在洗漱台上没有找到梳子，打电话问前台，对方这样回复："为倡导环保理念，从即日起，我们酒店就不再提供一次性梳子等用品了。也请您作为客人支持我们的环保行动。"前台客服继续解释说这不是他一个前台能决定的事，这是营销经理的策略……

朋友先是发蒙："呀！那我这乱糟糟的头发可怎么办？"接着是不解："难道我用个梳子就是不支持环保了吗？"最后感慨："倡行环保是我们每个地球人都该做的事，但酒店面对客人给出的说法和做法，恐怕不是一个以服务立足的企业应该做的。最重要的是，客服解释了半天，除了让客人觉得他是在甩锅之外，根本没有帮助客人解决最基本的问题。"

以上三个场景虽然都是小事，但它从侧面反映了服务的三种追求：

第一，让顾客满意——以客户为中心解决问题。

这个本质是主动地从根本上解决客户的问题（主动式），而不是丢给客户几个都不尽如人意的可选项，让客户被动做出选择（被动式）。比如"场景一"里，如果店员说："我们确实没有两只大号杯子了。要么我们退您3元钱，要么您就凑合一下吧。"显然，这两个答案都没有那位女店员提出的解决方案来得让人满意。

现实中有相当一部分人与人之间的纠纷，无论大小，都是由于不是以客户为中心解决问题引起的。有时对方甚至会干脆忽略你的诉求。

记得几年前，有一次跟朋友吃饭后结账的时候，朋友发现使用某些银行的信用卡结账可能有优惠。于是他问服务员："请问使用哪个银行的信用卡结账有优惠？可以优惠多少？"结果店员直接忽略掉这个问题，流利地回答："现金结账的话这里就可以，使用信用卡的话需要到前台输密码！"这哪是以客户为中心啊，分明是以结账方式为中心嘛！

第二，让顾客感动——想客户之所想，急客户之所急。

"场景二"中的店员完全可以不问我加牛奶的先后顺序以及加多少量的问题。在我的实际体验中，能问到其中一个问题的大约有20%，能把两个问题都兼顾到的连10%都不到。显然这不是个必须要问的问题，因此我也没有这样的期待。可恰恰因为如此，当她做到了的时候，我会觉得感动。无论惊喜也好，欢喜也罢，总之就会感觉这家店，甚至这个品牌是与众不同的。

第三，超越顾客期望——没有做不到，只有想不到。

有时候要做到超越客户期望并不难，关键是想不想做，能不能做，做得怎么样。想不想做，考验的是愿力；能不能做，考验的是实力；做得怎样，考验的是用心。

就像"场景三"中的客房服务员，她敏锐地捕捉到了客户没有说出口的需求，并且迅速、精准、低调地付出了行动。她的那封手写便签让我的朋友们都赞不绝口，纷纷表示"这个很用心""服务很到位""那段话也太暖心了吧""简直宾至如归"……这个服务员的做法让我想起了一个运营管理上的实践——"Keep eyes open"，中文直译为"睁开眼睛，留意"，引申为"善于用眼睛发现"。既要发现做得好的最佳实践，更要发现可以改善提高的地方，发现客户说出口的需求，然后通过满足那些需求而超越客户期望。

根据卡诺模型（Kano model），最常用的顾客需求有三个层次，分别是基本型需求、期望型需求和魅力型需求。对应的服务就是好的服务，更好的服务和最好的服务。好的服务满足了基本型需求，让客户满意；更好的服务满足了期望型需求，让客户感动；最好的服务满足了魅力型需求，超越了客户期望。

下面我们还是以客人的需求和酒店提供的服务为例进行具体

分析和举例：

基本型需求：是客户的基本需求，如果不满足该需求，用户满意度会大幅降低。但是一旦达成了基本需求之后，无论如何再提升，都不会大幅度提升客户的满意度。因为对于基本型需求，客户的满意度是有上限的。

比如，床单要干净、空调可以正常使用，房卡可以打开门，房间可以使用无线网络。

期望型需求：如果满足该需求，客户满意度提高，如果不满足该需求，客户满意度会随之下降。

比如，丰盛的早餐，周到的服务，标准的设施（比如房间里应该有熨斗，健身房里该配备什么标准器械），床的舒适度。

魅力型需求：让用户感到惊喜的属性，如果不满足该需求，一般用户意识不到，所以并不会降低用户的满意度，可一旦提供魅力属性，便会让用户眼前一亮，甚至创造出"WOW"的效果，使客户满意度大幅提升。

比如，免费升级房间，赠送餐饮消费券，加床不收费，送上一碗生日长寿面。

在提供服务、满足客户需求的过程中，沟通是贯穿始终的，所以恰当的沟通很重要。如果我们把服务归纳成"想到、说到、做到"三部曲的话，说到（沟通）就是连接"想到"和"做到"的桥梁，沟通不当，做到的就可能不是想到的，搞不好还会弄巧成拙，就像我的那位朋友在酒店里经历的"梳子风波"。而好的沟通一定都是人性化的，也就是说是以人为本的，是有考虑人性特点的。什么是人性特点？

　　举个管理上的例子：有时候老板和高层管理者，会把自己的打拼状态当成标杆去衡量普通员工，认为大家都应该为公司的未来拼搏，因为公司好了大家自然都好。这个逻辑看起来合理，但是不符合人性的特点。因为每个人的行为动机首先都是利己的，所以才有"屁股决定脑袋"这句话——你坐在什么位子上，就操着什么心，谋着什么利。老板和高管因为角色驱使，自然希望公司壮大、健康发展；而中层管理者更希望自己部门的业绩有所增长；至于一线员工，只是希望自己付出的劳动获得公平的收益。所以，只要让员工明白：只要努力就会获得相应的回报，破坏公司制度就会有相应的惩罚，那么，尽职尽责的员工就会勤勤恳恳，明星员工就会有奋斗的动力。

　　同样，服务中的"沟通人性化"的核心是要考虑有关人性方面的元素，比如考虑对方的情绪、代入同理心，等等。没有人性化方面的考虑的沟通是很难获得成功的。

价值多元化：
"有价值"是社交最底层的逻辑

人尽其才，物尽其用。这里的"才"和"用"的本质都是价值，而价值的本质是被需要。

在职场上，判断一个人的价值高低可以通过他的绩效好坏来看。因为绩效是结果最直接的反映，而结果来自价值实现。那么，我们是怎么定义高绩效员工的呢？

通常的做法是看员工的绩效考核表的总分数。一般的绩效考核表由两到三个部分组成。如果是不带团队的员工，一般就是两部分绩效：一部分是业务绩效，比如做采购的业务绩效可能包括成本节省、交付、质量、付款期等；一部分是文化绩效，比如对于公司文化、愿景、价值观的认同和行为实践等。而对于带团队的员工，一般会有第三部分，也就是领导力部分。考核的是管理团队、制定战略、解决复杂的跨部门问题的能力。

如果不看绩效考核表，能不能判断某个人是不是高绩效员工呢？

能！看他的行为。当他选择了行为，他也选择了结果。

案例一

B公司来了一位新员工，负责公司层面的一些战略项目，直接汇报给公司一把手。这个"80后"小伙子"出身名门"——来自一家全球著名的咨询公司。容易相处、逻辑清晰、思路敏捷、做事麻利、不带偏见（当然这跟他是新人有一定的关系）。

他的超强执行力、跨部门管理的角色定位以及老板的授权让每个项目都能快速推进和落地。具体表现是：明确项目后，他会依据"4W2H"的方法迅速将项目分解成子项目，并作出甘特图时间线。然后就依据这个按时跟进每一个子项目的负责人，及时更新，从不松懈。而一旦发现问题，他会第一时间找到相关人员交流，讨论改进方案。

因为这样的特质，他成了公司里的"香饽饽"，但凡有什么项目，大家都想拉着他一起做。因为大家都觉得只要他加入，这个项目就有很大的把握能成功。所以，这位同事是"被需要"的。

案例二

某名企有位工号116号的员工，连续两次应聘行政助理岗，因为不懂专业，也没背景，第一次面试没有被录用，第二次尝试，虽然面试通过了，但被安排做前台的接待工作。

她暗下决心，要把这份看似不起眼的前台接待工作做好，做到极致。很快，她成了阿里巴巴"被需要的人"：

她会把"沪杭"铁路的所有车次时间表整理好，发给常去上海出差的同事，让同事们根据自己的时间选择车次，汇总后她再预定，而不是直接统一订好车票，再通知出差同事时间点，不给任何商量的余地。

她会利用业余时间学习公司的业务，在遇到打到前台要转接给客服的电话时，她经常会力所能及地直接在电话里帮客户解答问题，既方便了客户，也提升了公司的专业形象：即便是前台，也能这般高效地帮用户解决问题。

当承办"西湖论剑"活动的重担一下压到她初来乍到的肩上时，她有些"内忧外困"，内忧是，当时她的丈夫调去北京工作了，家里有小孩要带，妈妈又病倒了。外困是，她是第一次负责举办这种大型活动。然而就在这种情况下，她仍然把"西湖论剑"办得非常出色。

这位工号116号的员工，从能承事到能成事，一路走来用，自己的价值赢得了更好的一切。她就是后来做到"菜鸟"COO的童文红，一个从前台成长起来的C位管理者。

案例三

H公司曾经因为清退一批34岁以上的员工的事件将自己推上了舆论的风口浪尖。

据H公司负责人解释："要裁掉的、清退的，是34岁以上的运营维护人员，因为他们的工作大部分会被自动化软件取代。"对此，H公司的创始人也说了这么一句话："30多岁年轻力壮，不努力，光想躺在床上数钱，可能吗？"

　　显然，被裁掉的这批人成了不被需要的人——可能是因为态度，可能是因为业绩，但最终都是因为价值。

　　虽然有点扎心，但还是不得不说，"被需要"的本质是做一个对别人有价值的人。当你没有价值了，你就不再被需要了。

　　所以，当我们说绩效管理、绩效工具的时候，这不是 HR 的事情，也不是你老板的事情，这是关乎你自己声誉的事情。你受不受欢迎，是不是被需要，都是由你自己的价值决定的。你在公司里是不是被业务部门需要，有没有做出业绩，大家的眼睛是雪亮的。

　　除了绩效考核表的分数，大家心里也都有一杆秤：平时工作时想和谁一起工作，谁是能帮到我的。大家愿不愿意跟你一块工作？如果愿意，那肯定是因为你有敢打敢拼的精神，愿意动脑筋，会想办法帮助他们解决问题。如果人家一看到你就心里打鼓："算了吧，还是我自己完成更好些。"那你在他们心中的价值就可想而知了。

　　谈完了职场中的人尽其才，谈判中的物尽其用是怎么体现的呢？

　　我们知道，谈判的核心目标是获取最大价值。

　　一般来说，价格在每一场谈判中或多或少都是主角。买方总是希望价格再便宜点，卖方总是希望价格再贵点。价格是由成本和利润决定的，而且通常来说，成本是远大于利润的。所以谈价格的本质是谈成本，怎么能够通过优化各种资源让成本更低是一个永恒的话题，比如通过转移项目（曾经如火如荼的全球化就是代表——生产从高成本国家或地区转移到低成本国家或地区），或者通过提高自动化水平降低劳动力成本、通过优化设计和材料降低原料成本，等等。

但是，当一款产品的成本年复一年地不断下降，甚至利润也变得越来越薄的时候，怎么办？这时候，双方就要看怎么交换价值了，于是谈判的本质就变成了谈价值交换。而且，这个价值必然是多元化的。

作者理查德·海瑟洛曾在《哈佛商业评论》上发表过一篇文章《B2B 价值金字塔》。他梳理了贝恩公司过去 30 年的数十项定量和定性研究，分析客户（买方）最看重的价值，并且总结出40 种"价值要素"，可以归为五类：

1. 基本价值：在遵纪守法的前提下，以合理的价格提供产品和服务。

2. 功能价值：满足客户在经济实用性（有竞争力的成本）和产品适用性（恰到好处的设计而不是过度设计）方面的需求。一直以来，这类价值都是制造业等传统行业的主要关注点。

3. 便利价值：既有客观价值，如提升效率（节省时间、减少劳动）和改进运营表现（简化、条理化）；也有主观价值，如改善合作关系（文化契合）以及供应商对客户企业的投入度。

4. 个性价值：这主要是采购负责人的主观考量，比如如何规避采购中的风险（合规风险，供应风险，安全风险）、有吸引力的设计、提升职业竞争力和扩展人脉等。如果供应商能够向采购决策者提供防控风险和保障声誉的服务，供应商将会受益。

5. 理想价值：提升客户的愿景（帮助企业预判市场变化）、给企业或采购者个人带来希望（例如帮助他们成本更低、更容易地适应新一代技术），或增强企业的社会责任。

对卖方来说，他们要不断探索能够提供什么样的多元化价值。他们可能是，也可能不是上述提到的 40 种价值要素。

而对于买方来说，除了订单，他们还可以提供如下的多元化价值：

1. 在供应商中建立采购联盟，降低相同原材料，通常是大宗商品的采购价格并且分享成果。

2. 给有潜在合作机会的供应商牵线搭桥，打造更健康的供应生态系统。

3. 向供应商（卖方）提供精益生产项目服务，包括精益绿带、黑带大师认证培训，做精益改善项目等，一起推动运营成本的降低。

4. 向关键供应商和战略供应商提供金融服务，比如额度授信。

5. 协助供应商提高企业的整体管理水平，包括质量体系、系统流程和研发工艺。

流程标准化：
它为你节省的不仅仅是时间

因工作的缘故我出差比较多，所以午餐和晚餐经常是在外面解决的，而且吃的都是某品牌的咖啡套餐。这个品牌的咖啡之所以成为我的首选，不仅仅是因为它的文化，更是因为它让人放心的质量保证，这背后的逻辑是标准化。

比如，一杯大杯的美式咖啡，无论在国内还是在国外，它的容量、点单过程、制作流程和交付过程都是一样的：经历了这一整套的标准化过程，你拿到手里的那杯热腾腾的美式咖啡跟你上一次喝到的无论在味道、口感、香味还是感觉等方面基本上都是一样的。你无须担心它会不会突然变得太苦或者不够浓。

一位商务人士去上海出差，因为没能订到常住的酒店，不得已选了一个位置不错但是不熟悉的酒店。结果进门就发现房间里有好多柜子，而他的习惯是在睡觉前要把所有柜门都打开看一下……第二天起床他想熨衬衫，但是死活找不到熨斗和熨衣板在哪儿。出门前想把一些不想带着的贵重物品放到保险柜里，却没有找到保险柜在哪儿，耽误时间不说，还急出一身汗——预定这家酒店之前，他特意在网上查过，这家酒店的每个房间里都是有保险柜的。

李国威老师（原 GE 大中华区公共关系负责人）曾写过一本畅销书《金领手记》。书里有一篇文章写了商务人士的习惯之一就是，出差时习惯住连锁商务酒店，因为同一品牌的酒店无论在哪儿，房间的布置、香水的味道、背景音乐、熨衣板、熨斗以及保险柜的位置等这些大项基本都是相同的。商务人士出差最关心的是效率，这样的标配就无需劳神再去找保险柜在哪儿，或者担心会不会没办法熨衬衫这样的问题了。

你能想象曾经的手机巨头们的手机型号至少有上百种吗？这大大增加了顾客选择的难度，对企业本身来说也增加了供应链的复杂度。最关键的是，诸多的差异化甚至是定制化产品还不见得有更好的利润。而某华和某米手机加起来型号不过几十种，在给顾客创造便利的同时，增强了自己的规模效益，并且取之于用户，还之于用户。所以某米才敢豪气地向用户承诺，每年整体硬件业务（包括手机及物联网和生活消费产品）的综合税后净利率不超过 5%。

以上种种都在告诉我们，标准化不仅保证了产品和服务的质量，而且已经成了企业的核心竞争力之一。

这是因为：对内，标准化可以帮企业降低供应链成本，从而在利润上更胜一筹。就拿某品牌手机来说，它是当之无愧的手机利润之王。除了技术、品牌等其他因素，标准化的产品大大降低了手机的总体拥有成本。而节省下来的每一分钱成本都变成了利润！

对外，标准化可以帮企业培养客户忠诚度。如果你可以在他们的一个店里感觉宾至如归，那么在他们其他的店里也可以。这种现象在大牌连锁商务酒店和咖啡厅等地方体现得更充分。

那么，我们反过来想一下，标准化做得不好对供应链乃至公司业务会有什么影响呢？

我曾服务的一家公司，论技术是行业里的佼佼者，论销售额在行业里排名前三，但是论利润率恐怕连前五都没进去。其中一个原因是非标准化产品（也叫定制化产品）的比例高达75%，而且销售人员未能将由于定制化需求而产生的成本传递给客户。结果就是，尽管采购人员在非标准化产品的价格谈判中比其他竞争对手表现得更好，但是整体毛利率依然很低，有些非标准化产品甚至是亏损的。几年下来的结果是：非标准化产品比例越来越高，销售额年年增长，利润率却在年年下降。

有一个来自某著名教育培训公司的案例。它当然不是传统的制造业，但是却遇到同样的问题——标准化难做！

1.产品不标准化，服务不标准化。

2.全国各地的培训学校在优惠政策、薪酬计算、产品定价上各行其是。

3.各学校的组织结构设计也是五花八门——区域制的、事业部制的，等等。

4.有职能部门集中的，有职能部门分散的，部门名称甚至都不统一，叫法千奇百怪。

"全世界可能都找不出一个像我们这样的机构。本来业务和运营需要高度标准化，结果却搞得如此花样百出。"其创始人在给公司全体高管写的内部邮件中对各种非标准化进行了痛批。

创始人为什么发飙呢？因为2019年1月22日，这家公司公布了未经审计的2019财年第二季度业绩（截至2018年11月30日）。在GAAP下计算，企业运营亏损为2860万美元，同比扩大118.5%；归属企业上市部分的净亏损为2580万美元，去年同期为净利润430万美元。据了解，本次季度财报是公司自2006年上市的12年中，第二次陷入亏损。

由此可见，推行标准化这面大旗创始人是扛定了，而且应该很快就可以看到效果：想想看，从分散采购到集中采购这个过程中可以取得多少成本节省？而这里必然会触及标准化过程。还是那句话：节省下来的每一分钱成本都变成了利润！

当然，说了这么多并不是说产品不可以有非标准化和定制化设计，这里的关键是各职能部门如何同心协力把这项工作做好。从获取客户需求，到产品成本核算，到研发设计产品，到采购确认价格，再到产品生产和交付维保……这需要形成一个无缝连接的、完整的闭环，以便在满足客户需求的前提下，实现自己的公司目标。

1.市场和销售：获取客户需求，了解客户最需要什么样的产品。

如何教育和引导客户选择标准品而不是非标准品首当其冲。如果客户执意选择非标准品，则需要第一时间与采购和供应链部门以及产品的成本核算部门沟通，以便掌握非标准品的成本情况再决定是否以及如何确认客户需求。先斩后奏的做法害人害己，实在不可取。

如果客户愿意为非标准品支付更高的价格，则需要与采购和成本核算部门联动来评估和决定采购周期、采购价格和销售利润。

如果客户不愿意为非标准品支付更高的价格，则放弃这一单不失为上策。除非这个订单不是以盈利为目的，比如为了市场占有率。不过这需要有一套评估过程。

此处需要注意的是，产品成本核算团队一般包括研发、采购和财务，缺一不可。

2.研发：设计产品，最了解产品应该设计成什么样。

在设计产品的过程中，无论这个产品是标准品还是非标品，研发人员可以决定是用一个现有的标准编码，还是创建一个新编码。毫无疑问，要推行产品标准化需要研发人员尽量用现有的标准编码。

至于为什么有标准编码却还可能创建新编码，由于涉及所花费的时间，复杂的流程以及不同公司之间不同的做法等因素，这里不再赘述。

3.采购：确认价格，最了解产品的总体拥有成本。

相对于标准品，非标品往往涉及更为复杂的价格因素。比如：

① 与标准品不通用，需要更多的设计成本。

② 通常用量不大，但是制造成本更高。这主要是因为非标品占用更多的人工时间和机器时间。需要更多的人工时间是因为非标品不能自动化生产而需要手工生产；需要更多的机器时间的原因之一是因为每个非标品的模具都是不一样的，需要不停地切换。

③ 包装和物流成本可能也更高，因为需要特殊设计的包装以及运送工具，比如托盘。

4.供应链：产品生产和交付，最了解产品的总体制造成本。

我好像没有提制造周期这档子事儿，因为它是总体制造成本的一部分。

当然，要做到以上各点，公司的标准化文化和标准化流程必不可少，再加上不打折扣的执行力，产品和服务的标准化就可以落地了。

标准化对沟通的意义更加重大。工作、生活中，我们都遇到过这样的情形：明明觉得自己交代得很清楚了，可是接收方最后还是把事情搞砸了！主要原因是，"觉得"不是一个标准，因为你的"觉得"和别人的"觉得"不是一回事。

案例分析

销售总监焦急地拨通了老板的电话："老板，我们投标价格太高了！能不能调低一点儿？否则就拿不到这单生意了。"

"调低一点儿？昨天不是刚刚批了今天竞标的价格吗？我们的价格已经很低了。"老板听说要降价，不太开心。

"再降5个点吧。这样才有机会。这家客户，我们团队好不容易跟到了竞标阶段。"销售总监也很着急。

"再降5个点，赢标的概率有多大？"老板完全结果导向。

"这个不确定。"销售总监心里也没有把握。

"现在客户希望是什么价位？友商是什么价位？价格差异有多大？"老板突然想到了什么。

"这个我得去看看"。销售总监仿佛恍然大悟。

"什么？你去竞标，连客户期望的价位和友商的价位都没摸清就来找我申请继续降价？"

一下子，沟通陷入了尴尬。

其实，我们可以用"SBAR"标准化沟通模式把事情讲清楚，把问题沟通明白。"SBAR"即 Situation（现状）、Background（背景）、Assessment（评估）和 Recommendation（建议），它们分别显示"目前发生了什么""是什么情况导致的""我认为问题是什么""我们应该如何去解决这个问题"的沟通程序。它是一种以证据为基础的、标准的沟通方式，曾被用于海军核潜艇和航空业，在紧急情况下保证了信息的准确传递。也是世界卫生组织提出的标准化沟通模式。

如果运用 SBAR 沟通模式，刚才的场景就应该是这样的：

S（现状）：我方的价格比客户期望价格高了 5% 左右。

B（背景）：六家竞标，我们目前排在第三。排在第一的友商比我们的价格低 7.5%。

A（评估）：如果我们在现在的价格基础上再降 5%，应该可以排在第二，拿到 25% 左右的份额。如果能降 6%，排名不变，但是可以拿到 35% 左右的份额。

R（建议）：这是一家新客户，我们还不是很了解。建议再降 5%，先拿到 25% 左右的份额再说。

SBAR 沟通模式教会我们如何思考问题，而不是单纯的收集信息，描述问题。

当然，标准化沟通不意味着千篇一律。比如，客服的很多话术都是标准的、正确的，但是因为不能解决客户问题而没有太大帮助。比如，你投诉服务态度差，她们会说："我们非常抱歉给您带来的不便，也欢迎继续提出宝贵的建议和意见。我们一定重视和改进。"

体验场景化：
客户买的是身临其境的体验

一瞬间，就在一瞬间。

一场梦，梦了一千年。

一转眼，只是一转眼。

梦一醒，却过了一千年。

这是黄绮珊为《又见敦煌》演唱的主题曲的前几句歌词，结合着当时身临其境的感受，我仿佛一下子就踏入了敦煌的历史长河中。

2020年8月底，我第一次去敦煌，也是第一次观看了大型室内情境体验剧《又见敦煌》。《又见敦煌》采用"流线式"空间体验方式演出，以"穿越"为指导思想，跨过了时空，拉近了你与历史的距离，同时，浸入式舞台剧能够让观众们边走边看，常常上、下、左、右都是表演区，一股股"从天而降"的黄沙甚至触手可及，让观众体验到情景交融、置身其中的演出。

以前就听很多朋友说，要不是这个情境体验剧，估计大家对"丝绸之路"这四个字的理解还仅仅停留在教科书上。不在任何的场景里，很难有丰富深刻的理解和任何多余的感情，直到看了《又见敦煌》才真切感受到了它的魅力，也才明白这看似简单的四个字包括了多少文化瑰宝，多少沧桑故事，多少悲欢离合……

有人运用消费者关联工具，通过对世界成功企业的实际分析证明，世界上成功的公司不过是价格实在、兑现承诺、距离便利、体验独特和产品稳定这五个方面中的一个方面做得出色，另一个方面做得优秀，其他三个方面不过达到了行业平均水平。

如果我们聚焦"独特体验"这个维度，至少对我来说，《又见敦煌》做到了。如果还要举例子，我们就不得不说说"主题公园化"的用户体验了。

通过对"主题公园"的研究，人们得出的结论是，"主题公园化"的商业营销注重为顾客创造真实可信的、能使他们生活得更加快乐、自然和满足的购物机会和经历。而体验的内涵就是通过商品、企业或服务者与顾客的互动来激发顾客的反应。没有顾客的积极参与，营销效果将大打折扣。

十多年前，北京东三环有一家阿拉伯特色餐厅人气很旺。除了美食之外，其最大的特色是餐厅的表演。他们不仅有一支非常专业的表演队——会在人们用餐时表演精彩的节目，时不时地邀请客人和他们互动，而且每天晚上9点开始就进入人人参与的环节，客人们酒过三巡，菜过五味，先是前后搭着肩排成一个长队，然后随着节拍穿梭在桌子、凳子之间，就像一列火车一样。"火车"扫过之处，有的桌子歪了，有的凳子斜了，留下一连串开心的笑声，顾客们仿佛回到了无忧无虑的童年……这样玩上半个小时左右队形散开，专业演员在舞台上开始领舞，人们开始进入自由发挥模式，每个人都可以伴随着充满节奏的舞曲尽情摇摆。你可以在舞台上跳，也可以在舞台下跳。这还不算，顾客们甚至被鼓励在桌子和椅子上跳舞。于是，餐厅变成了欢乐的海洋，到处是玩得很嗨的人们。后来我仔细观察后才发现，这里的桌子和椅子的木头都是加厚的，非常结实——为的是让客人尽情地玩耍，没有安全隐患。这家阿拉伯特色餐厅主打的就是"主题公园化"顾客体验，让你身在其中，随时互动。它一度成为那个地区特色餐厅的"头牌"，要想体验一次至少要提前4周预定，到了周末，更是一桌难求。

吸引顾客参与的关键建立在对顾客需求的准确把握上。顾客的需求有时候比较隐蔽，甚至连消费者自己也说不清楚。这时候就需要动用大数据和人工智能，让企业通过建立顾客数据库、成立专门IT部门、与研究机构合作等挖掘顾客兴奋点。"主题公园化"的商业营销要求企业员工的工作文化独具特色，有明显的表演色彩。表演性劳动的很多方式充当着整个程序的润滑剂，它能让本身平凡的商品和服务拥有特色，能表达主题，增强与顾客互动，还能增强顾客购买商品的意向。

一家新零售超市为消费者提供了多种类型的消费场景，整体空间以"逛集市"的概念来组织和布局，比起传统商超"卖场"

的形式，更强调享受乐趣和参与其中。从快速找到性价比高的货品逐渐延伸到怎么能够逛得有趣、买得开心，同时这也给入驻集市的商家创造了提供附加值的平台。

在空间布局上，超市借鉴了集市大街的元素，分为主干道和分支，入口和出口分散于两侧。消费者不会因为要找一件心仪的商品而在大卖场仓库式的货品堆里找得晕头转向。超市会根据大数据分析和你的消费偏好（如果你曾经在这里消费过），将你可能喜欢的商品推送到你的 App 上并显示具体的位置。

在产品布局上，超市的各种产品不局限于按产品类型分区，反而是采用场景分类。在体验区，可以看到各种产品的摆放与该片区的主题服务交相辉映。例如，消费者在水产餐饮区，不仅能看到活海鲜，而且可以品尝海鲜，因为旁边就是烧烤区和啤酒专柜，这些都是由"吃海鲜"这个主题组织起来的。这样随取随吃或者就餐过程中再点，都不会打断用餐体验。

"主题公园化"的商业营销借助"全面顾客体验营销"这一顾客价值创造营销模式，通过对顾客需求的深入与全面理解，确定顾客体验的关键时刻或接触点来满足顾客体验，顾客与企业和服务者的每一次接触过程和每一个接触点都是全面体验的真实瞬间。真实瞬间是指顾客形成一个关于企业的印象或感觉的任何情景。商业企业应抓住一切能与顾客发生关系的接触点，超越传统营销方式，在提高顾客购买总收益的同时，通过难忘的美妙体验提升企业在顾客心目中的感知价值，形成企业的顾客价值优势。

场景创造体验，体验赢得用户。

在体验经济时代，现代商店的最新定义是"人与人、物与物、人与物的情报交叉点"。现代消费者所追求的购物乐趣，在于他真正能运用与生俱来的"五种感官"。消费者会以其"个性"，通过敏锐的五官感觉——视觉、听觉、触觉、嗅觉、味觉为手段参与购买决策。产品包装、陈列位置、服务人员的亲切问候、背景音乐、店头广告物或其他足以打动顾客五官感觉的卖场魅力都值得商业企业深耕细做，而不是局限于轰轰烈烈的价格战。"主题公园化"的商业营销使企业可以以一种大营销的视域避免急功近利的急躁和浮躁，取而代之的是让企业真正走进消费者的内心，并与之建立长期的伙伴关系。

合作协同化：
没有协同的小船说翻就翻

北京大学的国家发展研究院管理学教授陈春花说："不久的将来，单向、僵化的供应链，将不再是企业间主要的发展模式，而灵活动态的价值网络协同模式将变得越来越普遍并产生良好的成效。"

案例一　没有协同，"友谊的小船"说翻就翻

2016年10月的一天，我正在费城的沃顿商学院进修。进修项目里有一项集体活动：划船比赛。

我们班一共有来自25个国家的49名学员，当时1个人缺席，其余的48个人被分成了8个组，每组6个人。我们给自己的小组取了个响当当的名字"6个家伙"，因为其他7个组里都有女同学，只有我们组是清一色的大老爷们儿，所以"6个家伙"这个名字再贴切不过了！"6个家伙"能赢吗？答案似乎在比赛开始前就不言而喻了：6个五大三粗的老爷们儿，一个个摩拳擦掌，谁与争锋的架势，说没有信心夺冠谁都不信吧？

比赛前，我们想象的在比赛过程中应该是这样的：目标一致，

高度协同，不夺冠军，誓不罢休！

然而……那句话怎么说来着？理想很丰满，现实很骨感……

比赛过程中，我们刚开始的几十秒还步调一致，但是很快就乱了阵脚。船桨落水的声音七上八下，简直像煮饺子的景象。更要命的是，其中一个同学（他很壮）由于划桨用力过猛，没有收住劲儿，险些失去重心掉到水里！船也因此失去了重心，并且因为倾斜过度进了水，一度在河面上打转……

赛后，我们6个人进行了复盘总结。我们一致认为划船需要在下面的三个方面高度协同：

1.目标一致。是夺冠还是展示技能，你只能选择一个。

这个方面我们做得很好！目标高度一致：夺冠！

2.规则清晰。大家都要听从指挥的口号，一个接一个看着前面同伴挥桨的节奏，同时力度均匀。

知易行难！我们开始还听从指挥的口号，但是划着划着就不同频了，索性各自为政，用力也不均匀。

3.练习。考虑到我们大多数人都是第一次组队划船，以前没有任何互相配合的经验。教练说我们最多可以练习40分钟。

而我们只练习了20分钟就将练习场地让给了另外一个团队。一方面是因为他们团队里有比较多的女生，希望有更多的练习时间；另一方面是我们"6个家伙"觉得要保存实力，到时候一鼓作气地夺冠！

最后，贯穿比赛始终的是有效沟通。从字面上就能看出来，有效沟通包含两个部分：一、沟通；二、有效。

而我们小组在比赛过程中发生状况的时候确实有沟通，但是没有效。因为那个时候缺乏统一的声音，组长的领导力也没能发挥应有的作用，结果就是没有形成协同一致的合力来参与比赛，输掉比赛也就不难理解了。

案例二　缺料的原因千万条，缺乏协同是一条

2020年2月份，D公司订购了一批纸箱，纸箱分为A型号和B型号两种。由于新冠肺炎疫情暴发，春节假期后，供应商迟迟没有复工，D公司的采购人员如热锅上的蚂蚁。因为这批纸箱是定制化产品，而且涉及复杂的生产工艺，平时就很难找到替代品，以当时的情形，短时间内找到替代品根本没有希望。

后来供应商终于开工了，采购人员马上跟进交付。经过了几天的恢复和爬坡，供应商在第三天交付了26000个纸箱，这对每天需求不超过20000的D公司来说应该是足够的。

然而工厂的反馈却是纸箱仍然不够用。因为工厂此刻最缺的是A型号纸箱，供应商送来的26000个纸箱中只有6000个是A型号，其余的20000个都是B型号。

采购人员在复盘的时候发现，公司在春节前需要更多的B型号纸箱，订单也是这么下的。而春节之后，需求发生了变化，需要更多A型号纸箱，但是计划里没有更新这种需求，相应地订单也就没有做出调整。采购人员去催货的时候，供应商就赶忙把手

里的订单做出来，也就出现了虽然总数量看起来是够的，但是实际上无法满足实际需求的情况。

更糟糕的是，A型号和B型号纸箱共用一些关键原材料。没有按实际需求生产的结果就是不仅占用了产能（机器和人力），而且消耗了关键原材料。而这时候，关键原材料正缺货！

案例三　内外协同一体化，打通供求"端到端"

企业的三大痛点之一是供需不匹配，这有两个层面的含义：

第一个层面是"质"的层面，是有还是没有的问题。具体表现为需要的东西没有供应，不需要的东西种类繁多。这是典型的供给和需求不协同的问题。

以目前依然火爆的海淘代购为例：为什么国人想买外国货？因为国内的供给总体表现为中低端产品过剩、高端产品供给不足，比如具有高科技含量的耐用消费品，国内在供给这个层面还无法满足消费者的需求，可能是质量方面的，可能是功能方面的，可能是性能方面的，也可能是安规方面的。而改革要解决的核心问题，是校正要素配置的扭曲，通过减少无效供给并扩大有效供给，最终提高资源配置的效率。

2015年底，政府提出"供给侧结构性改革"的举措，重点解决"供需不匹配"的经济结构。着力提高供给体系质量和效率，增强经济持续增长动力，推动我国社会生产力水平实现整体跃升。这其实是着重解决在"质"的层面存在的供需不匹配的问题。

第二个层面是指"量"的层面，是多还是少的问题。具体表现为需要的东西供不应求，价格高企；不需要的东西仓库积压，价格疲软。导致这个问题出现的根本原因在于销售及运营计划不协同。

根据运作管理协会的定义，销售与运营计划是一个业务过程，用于帮助公司保持需求与供应的平衡。销售与运营计划一般每月回顾一次，所显示的信息包括数量和金额。

此外，销售与运营计划还要协同规划过程。因为销售规划并不一定和生产规划完全一致。例如，有些产品的销售规划要反映季节性需求变化，而生产规划则要考虑生产线的均衡生产，否则就会大大增加生产成本。另外，在不同的生产销售环境下，生产规划的侧重点也会不相同，例如，对现货生产(MTS)类型的产品，生产规划在确定月产率时，需要考虑已有的库存量。如果要提高成品库存资金周转次数，年末库存就要低于年初，那么生产规划的月产量就必须低于销售规划的预测值，不足部分用消耗库存量来弥补。

案例二和案例三充分说明了处在供应链中的买方和卖方彼此协同的重要性。供应链协同是供应链中的各成员企业共商、共建、共赢。相互信任、协同决策、信息共享、流程对接，才能提高供应链的整体竞争力。

供应链协同的价值在下面六个方面都发挥着重要的作用：

1.业务绩效：无论我们绩效管理的指标是质量、成本、交付，还是质量、成本、交付、服务、风险管理，没有供应链的协同配合，这些业务指标都会成为无源之水、无本之木。原因是供应链上任何一个环节出了问题，都会从根本上影响这些绩效指标。

举个例子，一批货本来应该海运，结果因为"计划—采购—生产"这条线协同不力，导致海运运输周期无法满足客户需求，只能空运。这样多出来的运费将会不可避免地蚕食本来就不多的成本节省。

2. 风险管理：典型的供应链风险既可能存在于供应端，比如供货的连续性问题、价格问题、质量问题、合规问题等，也可能存在于需求端，比如计划问题、预测问题、生产问题等。从供应端到需求端的协同有利于减少供应链中断的风险，从需求端到供应端的协同有利于减少可能的库存和不必要的产能浪费。

3. 合作创新：无论是研发还是运营，传统的创新一般是自主创新，即供应商做供应商的创新，客户做客户的创新。随着网络的兴起和对协同的探索，合作创新变得越来越炙手可热，这种协同能够进一步发挥各自的优势，让创新变得无边界，并且惠及供应链上的各方。

我在一家民营企业工作的时候，购买过很多用于科研的仪器设备。其中有几款设备的耗材使用量巨大，严重影响到我们的成本控制。我们邀请供应商到我们的实验室，一方面熟悉我们的具体需求、应用环境和使用流程，一方面与我们的科研人员深入探讨减少耗材使用量的可能性。经过不懈的努力，我们最终将耗材使用量降低了24%，并且按照约定与供应商共享了成本节省的成果！如果没有双方的紧密协同，这个双赢的局面是绝对不可能出现的。

4. 合规管理：合规管理最大的挑战是什么？是如何监测到不合规行为并及时作出反应和动作。怎么做到这一点呢？唯有供应链协同起来，打造全链条监测。

想象一个情景：一个采购人员手工伪造了一张并不存在的订单给供应商，供应商那边则有一个销售人员做接应，将货发到第三方地点，然后靠转卖牟利并与采购分成。因为采购是手工下单，所以需求端的系统无法追踪，而销售端因为存在回款账期，因此一时半会儿也无法发现端倪。但是如果从采购到生产，再到收货、验货、付款这个流程有很好的协同，就会发现这张订单在系统里是不存在的，因此也就无法触发最终付款的程序，那么不合规的链条就会被及时发现和斩断。

5. 准时交付：准时交付是一个很重要的业务指标，所以我们在这里要专门强调一下。

从获取客户需求到完成客户需求，要经历计划、采购、生产和交付四个环节，采购环节还涉及供应商的配合。这四个环节通过协同可以形成良好的节奏，理想的状态是生产出来的产品既不是供不应求，也不是堆积如山。

我在去一家常去的火锅店吃火锅的时候，服务员都会在点餐结束后给客人一个沙漏。这个沙漏是计算上菜时间的。根据我的经验，这家店所有的菜品都可以在规定时间内全部上齐。它怎么做到的？就是供应链协同。从客人结束下单的那一刻起，客人的具体需求就会同步传递给中央厨房、后厨、采购、物流、交付各个供应链的各个环节。每个环节都会根据流程/流水线中上一个环节的状态来作出反应，比如中央厨房发现有货，发出货物位置指令，服务员找到它，然后直接就端上来了。

6. 伙伴关系：协同的本质是协调一致地实现一个共同的目标。具体表现是心往一处想，劲儿往一处使。而伙伴关系的本质是相互促进，彼此成就。因此，伙伴关系需要通过协同来达成和升华目标。如果说伙伴关系是实现目标的基础，那么协同就是实现目标的具体手段和实践。没有协同的伙伴关系很难有好的结果，这就如同前面"案例一"中的划船比赛，虽然我们小组伙伴的关系毋庸置疑，但是因为缺乏协同，我们还是输掉了比赛。

每次谈到协同的时候都会有人问我："协同跟合作之间有什么区别？"

这里重点强调三点：

1. 协同是主动，而合作是被动。

2. 协同是赋能，而合作是单干。

3. 协同是行动一致，而合作是分组进行。

当然，协同虽然说起来简单，实践起来却会有这样那样的问题：比如没有目标、没有流程、没有管理、没有沟通。更糟糕的是，一旦出了问题，大家很容易相互指责，互相伤害。

关系伙伴化：
让伙伴关系为彼此的业务赋能

"关系"大概是中文里最玄妙的词汇之一了。因为你很难定义它，但是它就在你身边，无处不在，无孔不入。而我们作为中国人，对"关系"这两个字的理解也应该是深入骨髓了。

什么是"关系"呢？我看过最简洁的描述是：两点之间的相互联系，比如小到夫妻关系、朋友关系、上下级关系；大到组织关系、国家关系、区域间关系。有形的包括买卖关系、股东关系、员工关系；无形的包括平等关系、合作关系、战略关系。

关系之所以如此重要，是因为每个人都在一个关系网里，无论你是以个体出现，还是代表组织出现。

比如，在最常见的买卖关系里，如果你是做销售的，那么你要管理的最重要的关系就是客户关系。最早提出"客户关系管理"这个概念的 Gartner 认为：客户关系管理就是为企业提供全方位的管理视角；赋予企业更完善的客户交流能力，将客户的收益率最大化。具体的表现包括，以客户为中心，企业和客户之间在品牌推广、销售产品或提供服务等场景下所产生的各种关系的处理过程，以便吸引新客户的关注并转化为企业付费用户、提高老客户留存率并帮忙介绍新用户，以此来增加企业的市场份额及利润，增强企业竞争力。在当前竞争如此激烈的业态下，忽略客户关系管理意味着你早晚要失去你的客户，如果形成了恶性循环，销售人员因此失去工作就不难理解了。

作为一名采购和供应链管理的资深人士，我则更加关心供应商关系管理。因为它是采购人员能够保持一个健康有活力的供应商资源的基础。当采购轻视或者干脆忽视供应商关系管理时，供应商资源就会消耗殆尽。失去了供应商资源的采购就成了无源之水，无本之木。试想一下这样的情形：公司想买研发用的新型物料，采购没有供应商资源；公司想买生产用的关键原材料，采购没有供应商资源；公司想买自动化设备提高劳动生产率，采购没有供应商资源。

上一秒你对关系爱搭不理，下一秒关系就让你高攀不起。

在所有的关系中，我最欣赏的是伙伴关系，它意味着：相互信任；求同存异；共享目标；一起做事；风险共担；合作共赢。

供应商关系伙伴化有五个方面，分别是：

1. 构建伙伴关系。

2. 加强合规建设。

3. 提升风险管理。

4. 保证准时交付。

5. 拥抱变革创新。

构建伙伴关系的核心是赋能，包括商机赋能、关系赋能、协同赋能。

商机赋能：通过双方合作，开发更多的商业机会，使供应商不仅有能力保持现有生产的连续性，同时能够不断投入研发，开发更好的产品和服务，帮助客户不断实现产品和服务的更新换代。

如何开发更多商机？双方可以从同一产品的不同规格，不同的产品种类，跨地域（比如从本土到海外），ODM 合作。甚至间接采购的供应商可以考虑 B2B 到 B2C 模式的转换，等等。另外，客户端的非战略/关键供应商数量整合也可以切实为战略/关键供应商带来业务量的增加，大多数企业可以从这方面着手。

关系赋能：首先，确立双方的合作伙伴关系，比如是战略的、关键的、排他的、维持的，等等；其次，根据关系类型制定相应的互动策略和机制，比如高层以什么样的方式和频率互动？是否定期召开业务回顾会议？拟邀请参加公司举办的什么活动？等等；再次，要保证营造一个"三公一开"的商业环境，即"公开、公平、公正、透明"，比如供应商绩效是如何被评估的？公司的招标规则和流程是什么？客户有什么具体的期望？等等。最后，定期通过线上线下的方式反馈/分享/交流供应商的实际绩效表现，提出中肯的改善建议并追踪、执行、落地。

协同赋能：通俗地说就是心往一处想，劲儿往一处使，并辅以标准的系统和流程。以期达到沟通无障碍，执行无死角的目的。

构建伙伴关系本身既是因，也是果。而其他四个方面则是双方需要投入"情感账户"的要素。

情感账户是心理学上对于人际关系中相互信任的一种比喻，将人际关系中的相互作用，比喻为在银行的存款与取款。存款可以建立关系，修复关系；取款则使得人们的关系变得疏远。情感账户是情商中的一个重要概念。史蒂芬·柯维在《高效能人士的七个习惯》里，建议向情感账户投入六种要素，分别是：理解别人、注意细节、信守承诺、阐明期望、诚恳正直和勇于道歉。而对于供应商关系伙伴化，我建议向情感账户投入如下四种要素：

1.加强合规建设：其核心是联动，包括内部合规，对内合规和对外合规。

内部合规：是指采购团队和采购人员的自我合规。这个合规除了包括典型不对供应商"吃、拿、卡、要"之外，还包括要严格遵守采购控制政策和采购流程。

对内合规：是指申购人的合规。这个规范也主要指采购控制政策和采购流程，不同之处在于采购控制政策更侧重于申购人该如何参与到与供应商的互动中，比如，"不能在没有采购人员参与的情况下与供应商谈价格""不能擅自透露产品预测以及需求紧急程度""不能以任何名义，比如部门活动，技术研讨会等理由向供应商索取赞助"，等等。

对外合规：是指供应商端的合规。除了基本规范外，还指供应商需要遵守"EHSL 规范"——Environmental（环境），Health（健康），Safety（安全），Labor（劳动用工）。

Environmental（环境）：环境保护工作，主要是指水气声渣、能源消耗等相关的管理工作。合规是指是否具有环境评价报告、环保竣工验收等相关资质。

Health（健康）：职业健康管理工作，主要是职业中毒、职业健康的管理工作。合规是指是否具备健康的工作环境，是否做职业健康检查，职业病危害因素检测，等等。

Safety（安全）：工业安全管理，主要是工伤和其他职业伤害预防、消防管理等的管理工作。对于一些特殊职业，合规是指是否具备特种作业操作证（电工、焊工、高处作业等）、特种设备操作许可证（叉车驾驶员、锅炉操作工、电梯操作工、行车操作工等）。

Labor（劳动用工）：通用的合规规范包括是否雇用童工，员工每周加班不超过 40 个小时（签署弹性工作制合同的不算）。

当然，出于成本等的考虑，不是每家公司都会对供应商做 EHSL 规范审计。但是具有这样的意识，就可以在参观供应商工厂的时候多了解一下，对供需双方都大有裨益。

2. 提升风险管理：其核心是意识，包括合同覆盖、风险评估和紧急预案。

合同覆盖：你们公司的合同覆盖率是多少？针对不同评级的供应商有不同的合同模板吗？相同评级的供应商是使用统一的

合同模板吗？这是我对于合同通常会问的三个问题。而更重要的是：你们的合同对于生产／业务连续性有保护条款吗？比如在什么情况下，需要提前多长时间，供应商可以单方面提出退出业务？在提出退出业务申请的同时，如果他们是独家供应商，是否需要帮助提供替代资源？如果模具归属供应商，该如何转移？等等。

风险评估：供应链所面临的风险通常是超出我们的想象的，比如：

2010年，冰岛的火山爆发严重影响了欧洲的航空运输（自然风险）。

2011年，日本海啸使世界汽车工业停滞了几个月（自然风险）。

2017年，全球电子元器件供求严重失衡导致价格暴涨（行业风险）。

2020年，新冠肺炎疫情一度让全球供应链中断（灾害风险）。

……

管理风险要从识别风险开始，识别风险要从风险评估开始。

紧急预案：紧急预案指的是在发生突发事件时如何应对来保证业务的连续性。《供应链风险来袭》一书中提到了一个供应链风险管理新模型，其中一个重要指标是"恢复时间"，指供应链上的某一环节（比如供应商工厂、分销中心或交通枢纽）遭到破坏后恢复到正常运营状态所需要的时间。我们可以通过计算各个环节遭到不同破坏后的恢复时间作出相应的反应，提升企业的抗风险能力。

3. 保证准时交付：其核心是反应，包括前瞻性备货、柔性化生产和智能化交互。

前瞻性备货：遇到大宗原材料价格波动该如何应对？能否捕捉到行业的变化而提前加大原材料投入？如何与客户达成战略协议共同实施前瞻性备货？

柔性化生产：随着客户对定制品需求有增无减，多品种、小批量的产品越来越多，而现有的善于大批量生产的企业如果不做局部转型显然无法适应这样的变化。另外一个选择就是开发专注于柔性化生产的企业，出于成本的考虑，定制化产品需要有足够高的利润支撑才能做到双赢。

智能化交互：你和你的供应商之间的交流还是使用电话、传真、邮件吗？你们曾经在云端互动吗？智能化交互的典型代表是京东物流，可以实时了解物流状态并据此安排生产等。

4. 拥抱变革创新：其核心是开放，包括流程上台阶、管理上台阶和科技上台阶。

流程上台阶：建立支持变革创新的流程才能保证变革创新落地。你们的流程高效吗？有漏洞吗？如何验证流程执行的质量？

管理上台阶：公司的绩效评估是基于 KPI 还是 OKR？如何

有效地激励员工，不让"雷锋"吃亏？如何管理"千禧一代"甚至是"00后"等都是很现实又略显棘手的问题。

科技上台阶："工欲善其事，必先利其器。"科技上台阶的表现形式是系统和工具的应用。比如曾经流行的 OA（办公自动化）工具，现在流行的 SaaS（软件即服务）和 PaaS（平台即服务）工具，基于人工智能和大数据分析的用户需求推送，等等。

八个秘籍让你的沟通如鱼得水

好的沟通从来都是既有"颜",又有"值"的。沟通的"颜"除了体现在多样化的内容和让数据"说话"之外,逻辑和思维一个也不少,而且绝对都自洽。沟通的"值"则来自社交环境对你的肯定:客户、老板和同事;家人、朋友和陌路人。

你解释的时候能做到通俗易懂吗?你说服别人的时候能做到换位思考吗?用好沟通的八个秘籍,让你说过的话,每一句都被记住。

逻辑普适化：
逻辑能力在沟通中究竟有多重要？

世界运行有一只看不见的手，那就是逻辑。这一章，我们来讲一讲"逻辑"这件事。

看到很多人喜欢把逻辑和思维放在一起说，比如"逻辑思维"，甚至觉得它们就是一回事，但其实逻辑和思维并不是一回事。

逻辑是指事物的客观规律，哲学对于逻辑的定义是因果规律。比如说"龙生龙、凤生凤，老鼠的孩子会打洞"就是一个有因果关系的逻辑，"少壮不努力，老大徒伤悲"也是一个有因果关系的逻辑。平时我们在职场上听到频率较高的一句话恐怕就是："×××，你说话要有逻辑。"这里的"逻辑"就是指语言之间要有因果关系，论点和论点之间要自洽，论据能够支持论点，言之有理，环环相扣，没有漏洞，让人信服。

而思维是人类在与大自然斗争的过程中，为了求得自身的生存与发展，经历几百万年进化而获得的一种特殊机能，是人脑对客观现实的本质属性和内在规律自觉的、间接的、概括的反映，所以更主观一些。比如我们平时说的理性思维、感性思维、危机思维、用户思维、结构化思维、批判性思维，等等。思维是一个很大的概念，逻辑思维只是思维的一种。

举一个有关思维的例子：

大雨过后，天空中出现了一道美丽的彩虹。你的文艺青年朋友不由得赞叹道："你看这彩虹，像极了一座七彩桥，也像是我们的人生路，虽然多姿多彩，但也弯弯曲曲。"

解析：文艺青年首先看到了彩虹，这是基本的认知。然后她开始了思维的过程，觉得彩虹的形状像是七彩桥，然后又把彩虹抽象成了人生路。但是彩虹、七彩桥和人生路之间并没有真正的逻辑关系。

为什么逻辑能力这么重要呢？

从宏观的角度看，世界就是有逻辑的，至少绝大多数的时候是这样。如果你没有逻辑思维的能力，那你将很难真正融入这个世界。至于偶发的黑天鹅事件，其实也有它们各自的逻辑，只是我们现有的逻辑还不能很好地解释它们罢了。

在 21 世纪，逻辑对社会和经济的重要性达到了前所未有的高度。比如，计算机科学、信息与通信技术都根植于逻辑和算法推理。所以联合国教科文组织于 2019 年 11 月在巴黎举行了第 40 次大会，正式将每年的 1 月 14 日定为世界逻辑日。

从微观的角度看，逻辑的特点决定了它与我们日常的工作和生活息息相关。

特点一：逻辑是一门基础科学。它是事物的基本原理、方法和规律，在人类知识体系中处于最为基础的地位，很多的科学、方法和工具都是基于一些逻辑创造出来的。可以说，没有逻辑就没有近代科学的产生，更不可能有改变我们生活的计算机与人工智能，因为它们诞生的基础都是算法，而算法本身就是一种逻辑。任何知识体系一旦逻辑上出了问题，一定经不起时间的考验。

特点二：逻辑具有普适性。逻辑针对的不是某个特定问题，而是某一类问题或现象。很多逻辑是放之四海而皆准的，它的广泛传播可以加快人类关系的正常化过程。比如，逻辑能让愿意交流的人们更好地进行沟通；逻辑让我们更具批判性思维，不容易被谣言引入歧途；逻辑有助于人们坚定信仰、辨明是非、增进理解、消弭分歧；逻辑教我们尊重规则、崇尚道德、支持正义、同情弱者，对富有者多一份理解、对贫困者多一份尊重。

特点三：逻辑解决实际问题。福尔摩斯说："逻辑学家从一滴水就能推测出它是来自大西洋还是尼亚加拉瀑布的，而无需亲眼见到或听说过大西洋或尼亚加拉瀑布。生命就是一条巨大的链条，只要见到其中的一环，我们就可以推想出整个链条的特性。"因为，万物皆互联，凡事皆逻辑。这也是我的口头禅。

因为掌握和洞察了事物的逻辑，诸如李昌钰、福尔摩斯、柯南这些名侦探才能仅仅凭借碎片化的信息和线索，比如只言片语、一举手一投足，通过细致入微的观察和逻辑推理还原事情全貌并且破案。

如果说侦探们的逻辑推理故事离我们太远，那么下面的逻辑是否正确则牵动着我们每一个人的心。

炒股的逻辑是什么？是买股价低的股票，还是买股价高的股票？还是要看公司业绩的可持续性和要解决的是什么问题才能决定投资方向？

好的演讲的逻辑是什么？是你自己觉得自己讲得好更重要，还是观众觉得你讲得好更重要？

证明一个人很牛的逻辑是什么？是你觉得自己很牛，还是你的领导说你牛？还是说你牛的领导自己也很牛？

……

就像桥水基金的创始人瑞·达利欧在他的畅销书《原则》中写到的："所有的运转都有赖于深藏其中的原则，也就是一串又一串的因果关系决定了这个世界的走向。如果你探索出了其中的因果关系——虽然不可能是全部，但最好是绝大部分——那么，你无疑就掌握了打开这个世界藏宝箱的钥匙。"他提到的这个原则就是事物之间的逻辑。搞清了事物的逻辑，你就看清了事情的本质。

电影《教父》里有这样一句话："花半秒钟就看透事物本质的人，和花一辈子都看不清事物本质的人，注定是截然不同的命运。"

那么，我们该怎样培养逻辑能力？

第一，培养观察和思考的能力。

我小时候听过一个关于相面的相声。里面有一段通过观察和逻辑推理找到答案的部分，十分精彩：

有一个人风尘仆仆地赶来算卦。还没有坐下，算卦先生就开腔了："王先生，急着赶路很辛苦，您先坐下歇口气儿。"那个人听了以后一愣："你怎么知道我姓王？"算命先生微微一笑，继续说："您是南乡人吧？"对方点了点头。算命先生："您家里有病人，您这是由南乡来，进城抓药去。您是骑着牲口来的，对不对？"对方又点了点头。"家里的病人是个女人，还不是外人，是你老婆，对不对？"那个人听到这儿，眼睛里开始放光，一个劲儿地点头。

来算卦的人一句话没说，算卦先生是怎么知道这么多细节的？

姓王：他在肩上扛着一个布褡子，上边写着四个大字"三槐堂记"。"三槐堂记"是堂号，所以他一定是姓王。

在南乡住：当天下小雨，刮北风，他前身的衣裳淋湿了，后心的衣裳还是干的，他一定是由南往北走的，所以他从南乡来。

骑着牲口来的：他左手提着个马鞭子。

家里有病人，去抓药：他耳朵边儿上夹着一个药方子。

女病人：药方子叠着夹在耳朵边儿上，方子面儿上露着两味药，一味是甘草，一味是红花，甘草是去毒的，红花是专治妇科的药，而男人不论得什么病都很少会用到红花。

病人是老婆：又是风，又是雨的天气，他不顾一切、顶风冒雨地进城抓药，八成是他老婆有病。

细致入微的观察能够让你看到常人看不到的东西，而这些东西可能恰恰是我们理解一件事情，看清它的本质的关键。观察过后思考的过程就是让我们把整件事情的来龙去脉和因果关系系统地梳理一遍，然后把它们用归类和演绎的方法组织起来再做判断。你思考的这个过程就是在培养你的底层逻辑思维能力。

第二，培养积累和连接的能力。

"万物都互联，凡事皆逻辑。"积累是连接的前提。随手记下你脑海中突然迸发的想法、感受或是好的思路，随手搜集和保存打动你的金句、图片、小视频，然后定期做归纳整理，并且将这些和你已经掌握的知识、读过的书、正在做的事情建立关联，最后看能否用逻辑的方式把它们连接起来。慢慢地你会发现，这些看似有意或者无意得来的"成果"最终会被连接起来。

第三，掌握方法和工具。

归纳法和演绎法是两个基本的方法。

归纳法，是把具备某种相同属性的事物都列举出来，然后寻找共性。比如，"一分耕耘一分收获"是归纳法，"不劳无获"也是归纳法，"猫爱吃鱼，狗爱啃骨头"还是归纳法。

演绎法，是把互相之间形成影响的因素，按照事物因果顺序、重要程度、时间先后顺序等维度排列出来，再寻找突破口。

举个例子，你让你的助理给你订一张北京飞纽约的单程机票。

不具备逻辑思维能力的助理可能面对诸多有关联但是不确定

的因素不知所措，或者干脆自作主张地提供一个单项选择。这些有关联但是不确定的因素包括但不限于：预算多少？哪个航空公司？直航还是转机？起飞和到达时间？怎么选座位？是否需要接送机？等等。

而逻辑思维能力强的助理会在第一时间和老板确认不清楚的地方，比如说预算。然后进行充分调研后给出一份有多个选项的建议：

助理："老板，根据您的机票预算——总体要控制在 26000 元左右，以及其他可能的需要，我给您选出了三条路线：1.北京—纽约直飞，总费用 24800 元；北京时间上午 9 点起飞，纽约时间当天上午 10 点 30 分到达。2.北京转机香港飞纽约，总费用 20500 元；北京时间上午 10 点起飞，纽约时间当天下午 17 点到达，香港转机时间 4 个小时。3.北京转机日本飞纽约，总费用 19700；北京时间中午 12 点起飞，纽约时间当天晚上 19 点到达，日本转机时间 3 个小时。三条航线都是国航，或者'国航＋港龙''国航＋美联航'的组合，它们都是星空联盟成员。"

老板："好！选香港转机那条航线吧，时间合适，价格也优惠。"

助理："老板，北京转机香港飞纽约的单程机票已经出票，总费用 20500 元。北京时间上午 10 点起飞，纽约时间当天下午 5 点到达，香港转机时间 4 个小时。飞机是波音 787，根据您的偏好我选了第一排靠过道的座位。另外，这是香港机场地图，您可能用得着。要不要给您租车或者订出租车？纽约住宿方面您有什么具体期望？"

工具方面则有很多选择，比如用"MECE 法则"穷尽问题的影响因素，用"80 / 20 法则"快速锁定关键因素，用"RACI 法则"进行角色定位，用"SWOT 工具"做优劣势分析，用思维导图展示因果关系，等等，此处不再一一细说。

思维结构化：
结构化思维会让你成为真正的高手

思维决定行动，行动决定结果。

我们常说的"透过现象看本质"，就是指在看问题的时候，能够抓住造成这个问题背后的根本原因，而不是被这个问题的表面现象所迷惑而影响了判断。这也是解决问题的关键。

比如，你的汽车的排气管突然冒黑烟，这是现象。一般人很容易想：会不会是油品本身出了问题？于是换了不同的加油站、不同型号的汽油，结果问题依旧。这是因为冒黑烟的本质是燃烧不充分造成的，背后的原因可能是汽车发动机超负荷，气缸压力不足，发动机温度过低，空气滤芯堵塞等原因，需要一一排查才能找到症结所在并从根本上解决问题。

有一个人之前食量不大，突然间食欲大增，每顿饭都吃得不少，但是很快就又饿了，于是又要吃东西来缓解饥饿感。东西越吃越多，身体却逐渐消瘦，后来去医院一查，原来是得了糖尿病。这里饥饿感是现象，不断吃东西只治标，却不治本。"头痛医头，脚痛医脚"就是没能透过现象看本质并系统化地解决问题。

怎么做才能够透过现象看本质呢？

第一步：我们要能看清一件事情的结构。

看清了结构之后就能做到打蛇打七寸，擒贼先擒王。

你的项目经理告诉你项目执行不下去了。这是你看到的现象。那么怎么才能找到问题的症结呢？

> 你："为什么执行不下去了？"
>
> 项目经理："因为项目没有经费了。"
>
> 你："为什么没有经费了？"
>
> 项目经理："因为预算做得不够。"
>
> 你："为什么预算没有做够？"
>
> 项目经理："因为项目后来扩大了范围。"
>
> 你："为什么扩大了范围？"
>
> 项目经理："因为客户新增了需求。"

4个"为什么"问下来，我们找到了项目执行不下去的根本原因：客户新增了需求。针对这个根本原因所采取的措施就不是单一的解决项目经费的问题，而更可能是需要打出一套组合拳。比如，既然客户新增需求，那我们能不能提高产品的售价？客户能否承担因为新增需求而产生的额外的项目费用？如果客户不能增加额外的费用，那我方能不能拿到更多的份额或者其他产品的订单？等等。

而如果没有找到项目执行不下去的症结，就只是解决了表象问题——经费不足。那么一方面会增加企业运营的成本，另一方面客户也会觉得你们不够专业或者管理不到位，导致该争取的利益没有去争取，在之后的合作谈判中你们可能就会处于不利的地位。

所以，要想找到问题的症结，首先可以问若干个"为什么"。具体问几个"为什么"，取决于问题的复杂度和当事人的分析和表达能力。问"为什么"的过程是一个对问题的根本原因分解的过程。我把这种聚焦于一个核心问题、层层递进问为什么的方法叫"剥洋葱"提问法。

我们再看一个通过问"为什么"找到根本原因的例子。这个例子与上一个例子不同的地方在于：你每次问的问题都是一样的，但是要求对方每次的回答都不能是一样的，而且理想状态是逐步深入，逐渐接近事情的真相。

A君找到一个健身教练说他要减肥。

健身教练："你为什么要减肥？"

A君："因为我觉得自己比较胖。"

健身教练："你为什么要减肥？"

A君："因为我妈让我减肥。"

健身教练："你为什么要减肥？"

A君："因为我现在运动时没有以前灵活了。"

健身教练："你为什么要减肥？"

A君："因为我想拥有六块腹肌，改善形象。"

> 健身教练："你为什么要减肥？"
>
> A君："因为我要找女朋友。"

5个"为什么"问下来，减肥的根本驱动力找到了，教练就可以据此制订一套相应的塑身计划，让A君梦想成真。

"剥洋葱"提问法的原型又叫"5WHY分析法"。"5WHY分析法"从三个层面来实施：

1. 为什么会发生？

2. 为什么没有发现？

3. 为什么没有从系统上预防事故？

每个层面连续5次或N次的询问，得出最终结论。只有以上三个层面的问题都探寻出来，才能发现根本原因，并最终解决问题。

现在，我们锁定了可能导致问题的一些症结，比如本节前面提到的汽车的排气管突然冒黑烟可能是汽车发动机超负荷、气缸压力不足、发动机温度过低、空气滤芯堵塞等多种原因造成的。

第二步：分析造成问题的主要和次要因素。

这个过程就像庖丁解牛。厉害的庖丁之所以有高超的解牛之术，是因为他根据牛的生理结构，找到了解牛的关键，知道如何下刀，而且知道怎么做到刀刀到位。比如，他能顺着牛体筋骨相接的缝隙切入，从来不碰筋骨结合的地方和大骨。虽然牛与牛各不相同，但是不管是什么牛，它们的身体结构都是差不多的。庖丁因为熟悉了牛的肌理，抓住了"主要矛盾"，就能更有效率地解决问题。所以技术精湛的庖丁一把刀用了十九年，所宰的牛有几千头，但刀刃锋利得仍像刚磨好一样。而技术一般的厨师每个月就得更换一把刀，因为他们解牛时不得法，总是砍到骨头，刀刃自然也就卷得厉害。

鱼骨图（又叫"因果图"）可以帮助我们找出造成问题的主要和次要因素。它是由日本的管理大师石川馨先生提出来的，因此又名石川图。具体做法是：

1. 针对问题点，比如汽车的排气管突然冒黑烟，按层别，想到各种可能性（如汽车发动机超负荷、气缸压力不足、发动机温度过低、化油器调整不当、空气滤芯堵塞、个别气缸不工作及点火过迟等）。

2. 分别对各层别类别找出所有可能的原因。

3. 将找出的各要素进行归类、整理，明确其从属关系。

4. 分析选取重要因素。

5. 检查各要素的描述方法，确保语法正确、意思简明。

第三步：如何做结构化表达。

看清了一件事情的结构，找到了主要矛盾，下一步就是如何结构化地表达出来——无论是以口头的形式还是书面的形式。

这里要介绍的是金字塔思维，就是要保证思维框架中有一个中心论点，并通过拓展论据的方式层层递进以支撑中心论点，最终形成金字塔结构。我们常见的"总分总""5W2H""STAR"

这些结构化工具都脱胎于金字塔思维。

以"总分总"的表达方法为例,它的思维的搭建顺序是由上而下进行,即先确定想要表达的中心思想,比如,年终述职的总结部分,然后再围绕总结部分展开,有针对性地向下拓展论据以支撑论点,最后一部分再次总结并展望。在中心思想不明确的情况下,金字塔思维也可以从下向上进行搭建,即先记录下脑中的各种想法或整理现有的各类材料,再从这些零散的想法和材料中找出一定的逻辑关系,进行分组归纳论点,最终总结提炼中心思想。

结构化表达的原则有哪些?(以年终述职为例)

1. 自上而下:先说结论或者中心议题,直接点明中心思想。这样对方就会心中有数。繁杂的铺垫陈述和解释,往往只会让对方摸不着头脑,听得云里雾里。比如,你可以说:"经过大家一年的努力,我们超额完成了各项绩效目标。其中销售额完成了……利润达到了……下面我展开汇报一下……"

2. 层次清晰:分清楚议题的层次和类别,把相关性议题在一个章节内说清楚。最忌讳的是讲话的时候没有边界,在不同类型的议题之间跳来跳去,听者的思路也会跟着你绕来绕去,很容易让人觉得你的内容没有头绪。比如,关于销售的情况放一页,关键项目回顾放一页,大客户开发放一页,等等。讲解的时候尽量不要穿插,讲完了一页再讲下一页。

3. 结构简单:结构越简单越好。要做到惜字如金,一句话能说明白的事儿就不要啰嗦。比如,多用项目符号。同时,每一个项目符号的内容要精简到只占一行。

4. 重点突出：不要试图传递过多的信息，比如把 PPT 上的所有内容都过一遍。突出重点内容，其他内容一笔带过就好。比如，当一个页面里有很多项目符号时，你挑出 2—3 个重点说明即可。而且建议把这 2—3 个项目符号的内容用有颜色的实线圈起来，让观众一眼就能看到。

最后，分享一个职场中常见的场景：如何让你的邮件内容更具结构化？

你描述事情的时候喜欢用"1""2""3"这样的项目符号吗？现在假设我们为了准备年终总结报告要做 6 件事，我习惯在邮件里这样写（优先级依次由高到低）：

1. 全年销售绩效，分成市场、客户和国家／地区三个维度。

2. 取得的成绩以及需要改善的不足。

3. 前十个大客户的销售情况。

4. 三个关键项目的介绍和回顾。

5. 市场开发和销售策略。

6. 针对公司和部门方面的反馈建议进行改善。

这样做的好处是：如果要跟进某件事情，不需要再引用整件事情的内容，而是直接在对应的事情下面写就可以了，或者可以直接写"关于'3'的更新是这样的……"由于你已经第一时间定义了每个标号代表一件具体的事情，因此你再提到那个标号的时候，大家都知道你的指代。

呈现可视化：
可视化呈现让一切尽在不言中

一张图片胜过千言万语，一段视频道尽人间百态；一个 H5 让大家趋之若鹜，一场 VR 令用户心醉神迷。

看到一个朋友发来的一张图片，忍不住笑了半天。

那是一张合成图，上半部分是埃及的象形文字，下半部分是现在我们每天都在用的表情符号（表情包）。合成图里配的文字是：4000 年以后，我们又开始重新使用同样的语言。

根据世界经济论坛发布的一份报告，表情符号（国外直接称它们是"象形文字"）自 2010 年前后开始在全世界流行，擅长"拇指运动"的朋友们尤其依赖表情符号。现在 30 岁以下的网民几乎无时无刻不在用表情符号，仅在"脸书"这一个通讯工具上，每天就有多达 50 亿个表情符号被使用。2015 年，牛津词典甚至把"年度词汇"这一殊荣颁发给了一个表情符号——"啼笑皆非"（英文原文解释是：因为笑得很厉害，笑出了眼泪），就是这个☺。

表情符号诞生于 1995 年，开始只有 76 个。随着 2020 年新添的 117 个，表情符号的总数量目前已达 3136 个。而且有预测，到 2021 年，这个数字将达到 3353。

表情符号有什么用？它们可不仅是青少年在社交网络上搞笑和互怼的利器，更是一种全新的、更加视觉化的，能够表达复杂概念的工具。有越来越多的"大人物"，比如国家元首、外交官以及世界组织，开始更加频繁地使用它们。

而对于一般网民来说，表情符号可以方便地、或直接或含蓄地表达自己的情绪。有时候甚至直接决定了沟通的语气和情绪基调！

比如你给一个朋友发一条信息："请今晚务必把文件发给我。"如果没有任何表情符号，这句话听起来就会比较生硬，甚至有点命令的味道，而在不改变信息内容的情况下，加上一个微笑的表情符号就会弱化语气。

再比如你对下属说："你怎么又犯错了？"如果没有表情符号就会让人觉得受到了责备。如果加一个啼笑皆非的表情符号，这句话就多了点调侃的成分，既表达了原意，也弱化了责备的意味。

请别人帮忙的时候"抱个拳"，达成一致的时候"握个手"。这些看似简单的举动一下子就多出了一份人情味。别忘了，人虽然是理性动物，但却用感性来作决定。

不知道你有没有留意到，随着时代的变化，沟通的呈现形式也发生了很大的变化——主要是朝着多样可视化的方向发展。"多样"是指更多的表现形式，但都为了一个目的——可视化。

2000 年前后我刚毕业的那阵子，商务 PPT 还基本上都是文字，偶尔出现一两张图片还都是与产品、技术、工艺，或者质量不良相关的。那时候，如果你配上一张不直接相关的、而只是为了表达思想的图片，会被认为"不专业"，甚至是"不务正业"。至于表情符号？想都不要想！

而现在呢？一个商业 PPT 里，文字和高清图片是最基本的标配；一次年终总结报告里，动画和短视频的出现已经不再是新鲜事；一场路演里要是没有个 VR（虚拟现实）或者 AR（增强现实），创业者都不好意思和投资人打招呼。而因为疫情和地域限制等的现实情况的影响和考虑，很多面试和工作会议被"搬"到了网上。疫情阻断了国外客户来中国实地考察的路，但却打开了远程互动的大门——远程视频会议，远程看样，确认工艺，签署合同等一系列线上操作以更好的投入—产出比解决了实际的问题。

当然，在呈现内容时，数据也绝对是不可或缺的。

为什么我一直强调在内容呈现上要可视化呢？因为人类是可视化动物。

英国学者贝克莱在《视觉新论》中说："人类的眼睛所看到的是自然的语言。"而实验心理学家赤瑞特拉则用曾经做过的一个著名的关于"人类获取信息主要通过哪些途径"的实验结果证实了这一点：人类获取的信息 83% 来自视觉，11% 来自听觉，这两个加起来就有 94%。剩下的 6% 来自嗅觉、触觉、味觉。

现在你可以理解为什么表情符号、图片、视频、虚拟现实那么有市场了吧？相比于文字，它们更加可视，而且在表现形式上更加多角度、多维度。

另外，人类视觉系统在处理信息时要经历一个极其复杂的过程，所以，不是所有"目光所及"的东西我们都真的"看到"了。我们所能关注到的东西，实际上是经过大脑"筛选"后的，这种主动选择性的活动被称为视觉关注机制。也就是说，在真实场景中，人类视觉只能够快速定位重要的且可以被理解的目标区域并进行细致的观察和分析，对于其他区域，尤其是无法理解的信息，比如一张模糊的图片，一串不知所云的数字等，我们只能进行粗略分析甚至会直接忽略掉。

可视化的三个实用工具如下。

图片——看你千遍也不厌倦

这里我没有提动画、视频、虚拟现实等，是因为它们的底层逻辑都是图片，只不过是动态的图片罢了。

在这个"看脸"的时代，你展示的图片"好不好看"可能直接决定了你的成败。这具体体现在网上购物的时候、给客户演示 PPT 的时候、公众演讲的时候、融资路演的时候，等等。

怎么让图片更好看？

1. 图片质量好。这不仅仅是像素高就可以了。拍同样一个东西，比如一个双面煎的荷包蛋吧，拍摄手法需要非常讲究。

要考虑光源的角度，人造光源要与被摄物体成 45° 夹角。完全背光容易形成阴影，逆光又会造成主题太暗淡。如果想让煎蛋"鲜活"起来，就要用到全方位光源。而背景选择则应该力求单一，这样主要是为了突出主体。如果背景无法做到单一，可以选择增大光圈，减小景深，虚化背景。背景不单一会让人觉得图片"不纯净"，有乱糟糟的感觉，还会直接影响用户的胃口。

2. 要反映主题。图片要和你讲的主题高度一致。千万不要因为想营造氛围而放上"文不对题"的图片。这里涉及的不仅是好不好看的问题，还有逻辑通不通的问题。

3. 要图文搭配。多用图片并不是说不放文字。相反，适量和适当的文字可以更好地和图片交相辉映，效果更好！

适量的文字，强调的是数量。在图片做背景的情况下，建议一张 PPT 上的文字不超过 30 个。

适当的文字，强调的是形式。比如颜色、字体、字号、放在哪里、要不要做动画效果，等等。

数据——让它自己开口说话

数据能不能"自己开口说话"，关键看它是不是自洽和能不能可视化。

自洽是逻辑的范畴，这里我们只谈谈数据的可视化。

一篇热文《我居然对着一张柱状图哭成"狗"》曾刷爆网络。那些柱状图是几个热心网友整理制作的各国新冠肺炎治愈可视化数据。只要看一眼，就能够看出中国是如何把人民生命安全和身体健康放在第一位，以坚定果敢的勇气和决心，采取最全面、最严格、最彻底的防控措施有效地阻断了病毒传播链条，并取得了"抗疫"的胜利的！

数据可视化具体来说有以下的含义：

1. 数据筛选化——过滤无用的"噪声"。

从海量的数据中甄别出真正对我们有意义的信息。前面提到过，我们最后看到的信息实际上是经过大脑"筛选"的，只有重要的且可以被理解的信息才会被关注。所以，数据可视化的第一步就要过滤掉不关键的和不准确的数据。

2. 数据实时化——激发你的想象。

如果你炒股，一定对数据实时化不陌生。因为股价每分每秒可能都在变动，股价涨起来的时候，你可能想象要不要用赚来的钱来一次说走就走的旅行。而数据一旦丧失了实时性，那它的价值就会大打折扣。这种滞后的时间成本，在现在这个强调速度的时代，对于绝大多数人而言都是无法接受的。

3. 数据动态化——增强你的体验。

你向客户展示你的销售数据的时候，有动态化的效果吗？比如，销售数据的柱状图逐年动起来，以此显示你们公司强劲的销售业绩。这样客户会不会更容易被打动呢？

你向客户介绍一项产品工艺创新的时候，加入模拟新工艺应用过程的动态数据会不会是加分项？

微笑——爱笑的人运气大概不会差

一位大咖发了一条朋友圈说："2020 年已经充斥了太多我不曾想过的视频会议。而且我已经听到许多人在谈论开视频会议的时候穿什么衣服比较得体？我个人觉得无所谓。如果科技允许的话，我只是想看到你的脸。当我们不能穿的像以前在办公室里一样的时候，我们仍然可以选择面带微笑。"他附上了一张自己微笑的照片，写上了这样的文字：视频会议上应该穿什么？面带微笑怎么样？

对此，我的评论是：无论线上还是线下，微笑永远是最好的"装束"。

为什么微笑这么重要？因为微笑是可视的，带来的改变也是可视的。

当我们感到幸福时，我们微笑；当我们微笑时，我们感到幸福。如果你感觉有些郁闷，那么试着改变你的肢体语言——微笑、抬头、站直，这会直接改变你的心情。就像慢跑一样，笑也是一种很好的有氧运动，它活跃肺部，放松肌肉、神经和心脏，扩展呼吸和循环，并加强氧气的新陈代谢。

发表在《哈佛商业评论》上的一篇名为《笑能连接你的团队——即使你们不在一起》的文章中，作者指出，通常情况下，人们每天笑 18 次。而且 97% 的时间是和别人一起笑。相比独自一个人笑，我们和大家一起笑的概率多出 30 倍！但是一起笑并不代表着某件事情本身多么有趣，而是因为别人笑了，我们也跟着笑起来。就好像打哈欠会传染一样,笑也会传染。这也是为什么电视的幽默频道会预先录制笑声并且适时播放出来(无处不营销啊)。你跟着笑了吗?反正我常常笑得前仰后合。

当我们笑的时候,我们的身体会释放内啡肽,这是一种让我们感觉愉悦的化学物质。研究表明,如果能提前笑一阵子,我们忍受疼痛的能力会提高 15%。

另外,当我们笑的时候,大脑会分泌多巴胺。它是一种神经传递素,能够创造快感。所以,多巴胺有助于提高学习能力,增强动力和注意力。笑和由此产生的影响神经系统的化学物质有益健康,具体表现在提高免疫力、压力释放、提高疼痛耐受力、改善心血管健康、减少焦虑、提升安全感和改善情绪。所以,笑往往能够带来激励和提升工作效率。

新冠肺炎疫情让远程办公成为常态,而人们独处的时候很容易感到孤单、不安全和焦虑,并且可能让体重增加,感到头痛、易怒、易疲劳,难以集中精力和血压升高,等等。作为团队领导者,可以通过下面 5 个步骤在和团队"空中相会"的时候和他们开怀大笑:

1.适时放慢节奏。要和团队做连接、让团队彼此连接,需要一些时间和"空间",想出个包袱也需要时间吧。

2.善用视频会议。"眼见为实"能创造更多的"笑"果。注意观察一下,有人穿睡衣开会吗?

3.适当提高音量。低沉的声音很难创造"笑"的环境。

4. 率先笑起来。笑可以传染，而你应该是带头人。

5. 事先酝酿情绪。开会前，先自己看一段搞笑视频吧！

最后，送大家一副对联：

上联：别让世界改变你的微笑，用微笑改变世界。

下联：别让心情影响你的微笑，用微笑影响心情。

好了，还等什么，一起笑起来吧！

内容故事化：
故事化的内容最能打动人

"谢谢大家。很荣幸能和你们，来自世界最好大学之一的毕业生们，一块儿参加毕业典礼。老实说，我大学没有毕业，今天恐怕是我一生中离大学毕业最近的一次了。"

2005 年 6 月 12 号，乔布斯在斯坦福大学的毕业典礼上作演讲。一开场就用一句话分享了他辍学的故事：大学没有毕业。看似轻描淡写的一句话有没有勾起你的好奇心？比如，他为什么没毕业？他都做了些什么？没毕业这件事给他带来了什么影响？

紧接着，乔布斯用三个故事将整个演讲串起来，并且逐步深入，层层递进。每讲完一个故事，乔布斯都分享自己的感受、感悟和具体的建议。让整场演讲生动、真实且令人印象深刻。

第一个是经典的"塞翁失马，焉知非福"。从他被寄养，到上大学，之后辍学，然后上美术字课程，接下来是十年之后他把当时所学的艺术字体设计进了麦金塔电脑。那是第一台使用了漂亮的印刷字体的电脑。如果乔布斯在大学里没有学那门课，麦金塔电脑就不会有多种字体或者适当分隔的字体。一切看似偶然的点点滴滴就这样神奇地发生了联系。

当然，在大学的时候，乔布斯还不可能把未来的点点滴滴串连起来，但是当他十年后回顾这一切的时候，真的豁然开朗了。

最后，他说："所以说，你不可能将未来的片断串连起来；你只能在回顾的时候将点点滴滴串连起来。所以你必须相信，这些片断会以某种方式在未来的某一天串连起来。你必须要相信某些东西：你的勇气、命运、生命、姻缘，随便是什么。这种方法从来没有令我失望，只是让我的生命更加地与众不同。"

"不积跬步，无以至千里；不积小流，无以成江海。"我们今天和过去做的每一件事都是因，并且在未来通过串联点滴，聚沙成塔最终成了果。

第二个故事是关于爱和失去。20岁，乔布斯创立了自己的公司。10年里，公司人数从最初的2人发展到4000人，估值10亿美元。30岁，乔布斯被自己创立的公司解雇了。短暂的迷茫后，因为热爱，乔布斯选择了从头再来，最终，他王者归来。

"在公众眼里，当时的我非常失败，我甚至想着从硅谷跑掉。但是有些事情开始慢慢地照亮我——我仍然喜爱我从事的事情。即使是巨大的转折也没有改变它，一点儿也没有。我被驱逐了，但是我仍然热爱它。所以我决定从头再来。"

除了讲故事，还有什么方式能够让你感受到"爱""失去"和"拥有"之间如此奇妙的关系呢?

第三个故事是关于死亡。乔布斯是这么说的："我十七岁时读到了一段话：'如果你把每一天都当作生命中最后一天去生活，那么有一天，你会非常确定你是正确的。'这句话给我留下了深刻的印象。从那时开始，33 年过去了，我每天早晨都会对着镜子问自己：'如果今天是你生命中的最后一天，你会不会完成你今天将要做的事情呢？'当连续很多天答案都是'否'的时候，我就知道自己需要改变一些事情了。"

"'记住我即将死去'是我一生中遇到的最重要的箴言，它帮我做出了生命中重要的选择。因为几乎所有的事情，包括所有外部的期待，所有的荣耀，所有的尴尬或失败，这些在死亡面前都会消失，留下的只有真正重要的东西。你有时候会思考你将会失去某些东西，'记住我即将死去'是我知道的避免陷入这个思考迷局的最好方法。你已经赤身裸体了，你没有理由不去追随本心。"

死亡是每个人都必须要面对的话题，无论你愿意还是不愿意。问题是，在听乔布斯的故事之前，你是否认真地想过这个问题？听了他的分享你有什么感悟和随后的行动吗？听过了乔布斯的关于死亡的故事后，你是否也曾经对着镜子问自己："如果今天是我生命中的最后一天，我会不会完成我今天将要做的事情呢？"

好的故事不仅能带给当事人感染力，而且能够让当事人产生行动力。乔布斯在斯坦福大学的毕业典礼上分享的这三个故事让我百看不厌，每次都有新感悟，他的金句"求知若渴，虚心若愚"更是深深地刻在了我的脑海里，我甚至将它打印出来摆在办公桌随时可见的地方，成为我的座右铭。

世界级故事大师安妮特·西蒙斯说："用故事包装事实是一种强大的力量，能够为人们打开心灵之门，传递真相！"

同样的三段内容，如果乔布斯不是以讲故事的方式分享出来，而是站在那里滔滔不绝地说教、讲大道理，不用说斯坦福大学那些"后浪"们，连我这个"前浪"估计也要倒胃口了！这就是将内容故事化的力量。

故事为什么会有这样的效果？因为人们喜欢听故事，愿意相信故事和自发地传播故事。

为什么？因为从生物学角度来讲，讲故事是人区别于其他动物的一种能力，听故事一直以来都是人类获取知识的基本方式。尤其是在古代，有文化的人毕竟是少数，要想大面积地传播知识、文化和信息，最简单的办法就是讲通俗易懂的故事。《伊索寓言》里面的寓言故事教会人们识别善恶美丑，《安徒生童话》里的童话故事让人们相信生活除了眼前的苟且，还有诗和远方……

美国哈佛大学进化心理学家史蒂文·平克认为，我们之所以喜欢听故事，是因为故事是社会群体中，个体学习建立和发展人际关系的一种重要工具。在一个社会群体中生活，我们需要时刻洞悉群体中都有哪些人，他们在做些什么，如何进行有效的沟通和信息传递。同时，讲故事、听故事，还能够使我们的神经细胞不断地作出反应，加强并改善解决生命问题时的技巧。所以，喜欢听故事的人，一般会拥有更好的社交能力、移情能力和生存适应能力。讲故事的能力和听故事的爱好可以说早已刻在了我们的生命基因里。

将内容故事化，不仅能够帮助别人更好地理解和接纳你说的东西，而且讲故事还有治愈作用。

比如有一种心理疗法叫作叙事疗法。它的核心就是将一切都故事化，通过故事隐喻的运用来激发当事人的情感和经验，进而到达治疗的效果。叙事疗法里有一个很重要的概念是"相信"：相信是"故事"而非"真实"塑造出了我们的生活。如同爱默生说的："也许，没有历史，只有传记！"你的故事被其他人见证是一件重要的事情，当有人聆听你的故事，你的故事似乎就变得更加真实和有影响力。

"故事"的隐喻还包含另外一层意思：创造。这意味着，无论我们在何种境况下，都可以去创造我们更想要的人生。比如，很多优秀的运动员在正式开始比赛之前，都会"创造"自己夺冠的故事：跨栏运动员想象着自己跨过最后一个栏，张开双臂第一个冲过终点；篮球运动员想象着在两队比分持平的情况下，在比赛结束前的最后一秒投进一个三分球；女排运动员想象着自己站在冠军领奖台，看着国旗徐徐升起，听着国歌响彻全场。这样创造出来的故事不仅可以增强运动员夺冠的决心和勇气，而且可以大大缓解赛前的焦虑和紧张情绪。

在听一个人的故事的时候，我们不仅要听到故事背后的问题，也要听到故事的主人如何处理和解决问题。因此，围绕"故事"常常会有一些新的对话，比如我们可以和自己对话，或者问那些你所帮助的人：

"为什么你不愿意正视问题呢？是因为过去的什么样的经历吗？"

"如果用一种动物来形容故事中的自己，你觉得自己像什么？为什么？"

"在这个故事里，当你做什么的时候让你可以更贴近期待中的自己？"

……

随着时代的发展，内容故事化越来越受到企业的青睐。有些企业甚至打造了故事化战略——将企业经营的各个环节彻底故事化，去赢得客户持续的信任。比如一家老牌世界 500 强企业旗下有一个安全事业部，他们做的是对企业端的业务，主要解决极其复杂的技术难题——他们的工作需要讲故事吗？当然需要！不仅需要，而且人家还把故事营销在业界玩出了新高度。因为他们知道客户不关心安全问题是怎么解决的，但是很关心安全问题是怎么发生的。于是他们建立了一个网站，不仅报道黑客攻击、数据丢失、软件漏洞等新闻，而且把新闻故事化，也就是以新闻事实为主体，采用故事化的叙事方式来报道新闻。

新闻故事化常常会采用对话、场景、动作等细节描写，细致入微，深入刻画客观事实和人物形象，其生动的细节描写可以将读者带入具体的场景想象中，并借助新闻事件中的戏剧性因素来突出主题。

亚里士多德说："我们无法通过智力去影响别人，而情感却能做到这一点。"将内容故事化并且把故事讲出来最能激发人类的情感。在此，我忍不住再敲一次黑板：讲故事的能力是人们未来最重要的能力之一，也是人工智能很难替代的一种能力。

解释力：
想解释清楚一件事并不容易

达尔文说："如果你不能解释清楚一件事情，就证明你还不够了解它。"而我还想补上一句：结果是，你将无法影响别人和你一起把这件事情做好！

根据麦肯锡的研究，70% 的变革失败是沟通不力造成的。有一次麦肯锡在一家大型能源公司做管理咨询项目，调查为什么最近的变革项目没有成功。通过问卷调查，他们发现上至公司的 CEO、高管团队，下至一线员工，对于为什么变革以及怎么成功地推动变革都持有非常不一致的看法和意见。表面看起来是管理层没有向员工把变革这件事解释清楚，更深层的原因则是 CEO 也没有向他的管理团队解释清楚。

什么是 CEO？通常的解释是首席执行官（Chief Executive Officer），是在一个企业中负责日常事务的最高行政官员。杰克·韦尔奇在他的封山之作《商业的本质》中写到："CEO 是'首席解释官（Chief Explanation Officer）'。"因为作为管理者，无论是公司战略，还是组织调整，CEO 都需要不断地向他的管理团队以及全体员工沟通、解释和说明，以便大家都能够尽量充分地理解、消化和接受，然后才有可能采取相应的行动，才能让战略落地，让组织运转起来。

和沟通一样，解释也无处不在：

销售要向客户解释为什么你的产品和服务是最好的。

采购要向用户解释为什么你的价格是最具竞争力的。

财务要向老板解释为什么这个月的数字是没有达标的。

老板要向员工解释为什么改革是必要的以及不改革会有什么后果。

家长和老师要向小朋友解释"十万个为什么"。

……

令人遗憾的是，好多时候你觉得自己明明知道一件事情，也已经把它解释得一清二楚了，但对方还是一脸困惑的样子，或者完全不买账。

误区一：我以为我知道

销售经理向新来的销售总监汇报上个月的销售情况。销售总监发现虽然销售额增长了15%，利润额却下降了5%，于是问销售经理怎么回事。销售经理说："这个是比较常见的，因为上个月销售的产品品类组合和前几个月的有所不同，比如，多卖了很多利润率不高的B产品，而利润率高的A产品几乎没有什么销量。"

销售总监："我们一共有A到H共七类产品在销售。这七类产品的单价和利润率信息你知道吗？上个月这七类产品的销售占比和前几个月相比有什么具体的变化？你确定仅仅是 A 产品和 B 产品的销售数量变化导致了总体的利润率下降吗？"

销售经理："老板，这个我不太了解细节。我们给以前的老板都是这么汇报的。而且由于产品品类组合变化的原因导致销售额和利润率下降也是个比较普遍的原因……"

销售经理的话还没说完，销售总监已经意味深长地盯着他看了。

职场中，汇报工作时的一个大忌是对自己所汇报的内容不足够了解，但是又拼命地想解释清楚，想让自己显得足够了解，或者想给自己"洗白"，结果往往是越画越歪，越抹越黑。

误区二：我以为你知道

儿子："爹，儿子已经读到博士后了！"

老爹："博士后？你得往前整啊，不能老落后啊！"

这出自一个小品的经典对白。读了博士后的儿子衣锦还乡看望老爹，求学多年以及周围环境的变化使儿子早已"谈笑有鸿儒，往来无白丁"。所以也没多想就觉得老爹大概也应该知道。无奈老爹听了儿子读了博士后，觉得有必要提醒儿子不能落后……

有人曾分享过一个真实的经历：自己当初第一次去女朋友家，未来的丈母娘问他是做什么的。他心想，一定得抓住这个机会好好表现一下啊！这么一想不要紧，他直接从量子计算、量子叠加、波粒二象性开始说起，结果没说几分钟，老太太听得快要睡着了——根本听不懂啊!

网络上有一个搜索量很高的问题:"你如何向家人解释清楚你是干什么的?"很多网友吐槽根本解释不清楚,尤其是一些新兴职业,比如交互设计师、精算师、数据科学家、社交媒体经理,等等。

赵传的经典老歌《我一直以为你知道》这样唱道:"我一直以为你知道,要说什么你才能感受;我一直以为你都知道,我无法承受你要走。"

日常工作和生活中,"我以为你知道"导致解释不清的情况比比皆是。根本原因在于解释的一方是以自己为出发点考虑问题、解释事情的。基本的逻辑是:因为我知道,所以我觉得你也应该知道。比较常见的是在讲座或演讲中,嘉宾满嘴技术术语,但是大多数观众都一无所知。同样地,如果候选人在和人事部门的结构化面试中,上来就说一大串某个领域的专业术语,那大概率是解释不清楚事情的。因为另外一方并不掌握理解你提及的一些基本信息、知识、假设、经历等等。于是,解释变成了"对牛弹琴"。

误区三:我在解释,都听我的

解释的一方在解释场景里通常有更多的主动权。但是如果不注意倾听这件事,往往就会造成解释不清楚的局面。

比如,别人说你不讲道理。如果你都没让对方把话说全,就急于解释"其实我很讲道理",就可能错过对方本来要分享的更多支持这个说法的事实和依据。正确的做法是,当我们遭到别人的批评或者面对别人的指责时,我们要学会在解释之前更好地倾听。

首先,我们可以去询问更多的细节,比如"我哪里不讲道理了?能给出一些具体的例子吗?"

其次,我们可以更巧妙地去同意批评者的说法,比如同意他们的感受或者一部分事实,这样就可以为更多可能的沟通做好铺垫。还是举别人说你"不讲道理"这个例子,你可以说"我明白你的意思,有时候我作决定确实没有考虑所有人的感受",或者"我同意有时候我的行为会让人理解成不讲道理"。很多人的防备心理很强,一旦遭到"攻击",就会拼命解释自己,当然这时候无论如何都是解释不清楚的。因为你拼命的解释激起了对方的"斗志"——他已经选择了不接受解释。

最后,实在解释不清的时候,可以尝试分享自己的感受。当我们发现无论我们怎么去解释都于事无补时,去分享自己真实的感受也许有助于让沟通进入一个更深入的阶段。

误区四:解释时对人不对事

你遇到过这样的情形吗?听解释的一方已经表示不想听了,可能是因为觉得根本解释不清楚或者没有必要解释,而解释的一方却拼命想要解释清楚。当然,事实证明,这种"解释"多数情况下都可能是无效的,搞不好还会弄巧成拙。

为什么会发生这样的情况呢？很重要的一个原因就在于当我们产生了非解释不可的情绪时，焦点可能已经不是放在要怎么解释清楚这件事上，而是想拼命告诉对方"我到底是怎么想的""为什么我的想法或者做法是对的"以及"我已经解释得很清楚了"。

《沟通的艺术》一书中提到沟通分为"内容向度"和"关系向度"两方面。当我们带着"非解释不可"的心情拼命解释，我们在乎的便不再是"我到底说了什么内容"——对事，而是"我说的这段话将会怎么影响到这段关系"——对人。

到底怎样才能解释清楚一件事呢？要从解释方、接收方和解释的方式三个方面着手：

1. 解释方要想说清楚一件事情，就需要对这件事情的方方面面都非常了解。这个方方面面既包括了要研究事情的全貌，不能片面地看问题，又包括深入了解事情的层级和复杂度。同时，要学会倾听。

2. 解释方需要站在接收方的角度看问题，解决对方的需求。第一步是去除所有的前提假设，依据事实事先做研究。在过程中可以通过提问的方式进一步动态地了解接收方的情况。

前面提到的故事中，主人公后来和他丈母娘是这么解释他所从事的量子力学工作的："……您看隔壁的王姨，最近不幸得了老年痴呆。这个病现在没治，但如果用上我们量子力学技术，很快就可能有所突破。因为现在开发特效药大都需要用计算机模拟，而目前最好的计算机几万年也算不出来的模拟，量子计算机几分钟就算出来了。所以只要我们的研究成功了，她的病就能治了。不仅是老年痴呆症，还有什么帕金森啊、糖尿病也都有办法治了。"

你看，量子计算虽然和他丈母娘一点关系也没有，但健康长寿可是她目前的头等大事，他这么一打比方联系起两件事，丈母娘立刻就明白了。

3. 解释的方式是否有效至关重要。比如一件复杂的事情，尽量不要"原汁原味"地去解释什么原理、法则，而是通过类比，也就是打比方的方式，让解释通俗易懂。

比如，某人向大众解释数据分析师的工作。

问："你是做什么的？"

答："我是做大数据的。"

问："大数据具体做什么？有前途吗？"

答："《决胜 21 点》那部电影里边有一个数学奇才，其实他就是利用了大数据的技术，而我就是做这个的。或者说，你知道抖音为什么总是能给你推送让你欲罢不能的内容吗？就是因为大数据技术，而我，就是做这个的。"

说服力：
换位思考是说服对方的法宝

改变的前提是说服，说服的基础是倾听。

1983 年 4 月 8 日，史蒂夫·乔布斯问约翰·斯卡利："你是想卖一辈子糖水，还是想有机会改变世界？"这次谈话后，百事可乐前总裁斯卡利接受了乔布斯的邀请，担任了苹果公司第三任首席执行官。显然，他被说服了，尽管当时与年销售额近百亿的快消品巨头百事可乐公司相比，苹果公司可以用"不起眼"来形容。在这个职位上，斯卡利得以加入乔布斯的阵营来改变世界。我不知道这个成功的说服是不是世界上效率最高的一个，但是效果是有目共睹的——斯卡利把苹果的销售额从 8 亿美元做到了80 多亿美元。

乔布斯说服斯卡利的过程容易吗？不容易。乔布斯至少试了三次才说服斯卡利。

1983 年 1 月，在一个产品发布会后，斯卡利和乔布斯聊到深夜。虽然交谈甚欢，斯卡利仍摆出了"你很难聘请到我，但并不是没有可能"的姿态。同年 2 月，乔布斯去拜访斯卡利。随后，斯卡利又在路过库比蒂诺的时候拜访了乔布斯，但仍然没有敲定。同年3月，乔布斯再次拜会斯卡利，对其发起了猛烈攻势。斯卡利在谈完价钱以后，仍然犹豫不决，这时，乔布斯在经过了一段沉重的、令人不安的沉默之后，说出了后来被广泛流传的那句话，也因此定了乾坤："你是想卖一辈子糖水，还是想有机会改变世界？"

这不是乔布斯第一次坚持不懈地说服一个牛人帮他。

创业初期，乔布斯想给公司融资。他打电话给红杉资本创始人瓦伦丁，请他到苹果公司实地考察一下。瓦伦丁到了现场，发现乔布斯对营销一窍不通，就说："如果你想要我给你投资，你必须找一个懂市场营销的合作伙伴。"乔布斯说："给我推荐三个人选吧。"瓦伦丁一句话没说，走了！

此后，乔布斯每天坚持不懈地给瓦伦丁打三四遍电话进行游说，终于有一天，瓦伦丁给乔布斯推荐了三个人，其中就有后来大名鼎鼎的迈克·马库拉。

一次，我陪家人去海洋馆观看海豚表演。在正式的表演开始之前，有两个小丑（滑稽演员）出来暖场。他们的所作所为是一个不折不扣的说服案例。

海豚表演剧场的观众席被分成了两个区域——左手区和右手区。小丑一上场，先来到了左手区问大家开不开心，大家声音洪亮地回答"开心"。然后他们到了右手区问同样的问题，右边的观众当然也说开心，只是声音不齐且稀稀拉拉。小丑说："你们的表达太含蓄了，能不能大点儿声？"结果大家的声音还是不太响亮。这次小丑说："问题严重了！你们的回答没有左手区朋友们的响亮。要不要最后再试一次？"于是右手区又试了一次，这次的回答响亮了很多。

有了这次的"较量"，在下面的几个活动里，两个区域的观众又明里暗里"掰了几次手腕"，憋着劲儿要表现得比对方好。虽然最后的总体结果各有胜负，但是大家的积极性都被充分地调动起来了。他们被"说服"了。而说服两边观众的就是我们常说的"部落效应"，也就是你那一刻在哪个"部落"里，你就会尽力去捍卫它的利益。

樊登老师在领读《不妥协的谈判》一书时提到，人其实有三个维度：第一个维度是理性人；第二个维度是感性人；第三个维度是身份人。身份人就是与部落效应发生关系的关键因素。在海豚表演暖场这个经历中，小丑就是把观众分成了两个"部落"，然后利用人们的身份认同，巧妙地"说服"了观众，为自己"部落"的利益添砖加瓦。

一个年轻的爸爸看到两岁的儿子正拿着一把餐刀玩耍后赶紧冲过去，大声地告诉他不能玩餐刀，这很危险，可能会造成什么什么样的后果等等。他大讲道理试图说服儿子不要再拿着刀，可是儿子毫不理会！情急之下，爸爸一下子把刀从儿子手里硬生生地夺过去，儿子则"哇"的一声大哭起来。而且后来几天都不理他的爸爸。

同样的情景，如果换了一位有经验的爸爸可能会这么做：一边轻柔地告诉儿子，小孩子拿着刀很危险，一边寻找一个替代品，比如一个玩具来吸引他的注意力，说服他做交换。这样成功的概率是很大的。

战国时代的说服大师鬼谷子说："故外亲而内疏者，说内；内亲而外疏者，说外。"意思是说，表面亲密而内心疏远的人，要往深里透里说，说到对方心坎里去为止；内心亲密而表面疏远的人，则不必说得太深，就事论事、点到为止就可以了。如果用一句话来总结就是，针对不同的说服对象，要"对症下药"。这年头，要想说服别人，需要的是多讲故事，少讲大道理，更别说对一个只有两岁的孩子了。而用不同的东西转移他的注意力绝对是上策，因为孩子的注意力一般只有几分钟，而且他们对不同的事物充满着好奇。

从上面这三个故事中，我们可以总结出有效说服别人的三要素：

第一，换位思考，了解别人的需求。

林肯说："在预备说服一个人的时候，我会花三分之一的时间来思考自己以及要说的话，花三分之一的时间来思考对方以及他会说什么话。"

很多人都是以"我"的视角看待这个世界，处理其中的人和事的，而这也是说服别人最大的障碍，因为说服别人的前提是你得知道他们的需求，然后通过直接或者间接满足他们的需求来说服他们。

　　一个企业家朋友分享过这样一个故事：2001年，他和两个朋友创办了一家生产家用游泳池的公司。2008年金融危机的时候，差点儿申请破产保护，他也因此差点儿卖掉房子。2009年，他们决定引入一个销售理念叫"你们问，我回答"。到了2012年，他们公司的网站成为世界上生产家用游泳池这个行业里访问量最大的网站。截止到2019年，他们公司成为全世界成长最快的玻璃纤维游泳池外壳的生产商。2020年，他们公司与另外一家公司强强联手，继续推动"你们问，我回答"这个超级销售理念。最后他总结：这10年来取得的成绩都要归功一件事，那就是他们愿意回答客户所有的问题。

　　通过回答客户的问题，他们可以获得相关客户的精准的需求。可以想象这些需求是动态的、鲜活的、全面的且有颗粒度的。另外，好的回答会被搜索引擎放在靠前的位置，成千上万的人可以搜索到。最后，了解需求和引流的同时可以建立起与消费者的信任关系，为下一步的销售说服打下坚实的基础。顺便说一下：获取需求的一个重要手段是倾听，而且，好的倾听会让对方感受到你的尊重。

　　第二，善用"重复"的力量。

　　任何有效的宣传都必须限制在很少的几个点上，并且不断重复这些口号，直到每一个公众成员都理解为止。

　　不论是人、语句、想法还是产品，容易想起来的东西总会更招人喜欢，更令人信服，也更能影响我们的行为。所以才有了

"谎言说上一千遍就是真理"这句话。可见说服一个人的时候，不断重复有多重要。

为什么会这样？

因为对于人的蜥蜴脑法则来说，最优先被关注、被信任的，就是那些容易被大脑想起的人和事物。于是我们的无意识思维系统对大脑熟悉的东西特别感兴趣，小到一包纸巾，一杯奶茶，大到一辆汽车，一个购物广场，一个楼盘，我们都会优先想起那个最熟悉的品牌。这也就是无意识思维的优势，它可以非常自然、迅速地处理生活中无数大大小小的决定，让大脑有更多的时间和精力去处理更为复杂的事情。

第三，激发被说服者的内在驱动力。

斯卡利为什么会答应乔布斯加入苹果？他在就职演讲的时候是这样说的："如果你们问我为什么来苹果公司，只有一个原因，那就是可以和史蒂夫一起改变世界。我把他看成我们国家在这个世纪里的一个真正伟大的人物。"

很多人觉得斯卡利因为一句话加入苹果公司这件事有些不可思议，毕竟那时候的他已经是美国最杰出的企业家之一，38 岁就成为百事公司有史以来最年轻的总裁，他所策划的几个营销活动载入营销史的经典，被称为营销天才。唯一能解释的是，斯卡利心中种着一粒种子，他也有一个改变世界、当"超级英雄"的梦想。而乔布斯只用了一句话就点燃了斯卡利的内在驱动力，让他义无反顾地来到了苹果公司。

这样的例子还有很多：唐僧说服三个徒儿随自己去西天取经，刘备三顾茅庐请诸葛亮出山，等等。

要想激发被说服者，说服者最好具备两个条件：一个是要有足够的影响力；另一个是说服者的实践经历。

这种足够的影响力是由别人对说服者的身份认可决定的。这种身份认可要么就是因为专业度决定的，比如你会相信医生给你的健康建议、保险顾问为你推荐的保险计划、被圈内好友称为美食专家的朋友推荐的餐馆；要么是职场中的上下级关系或者是由社会上的普遍共识决定的，比如网络大 V、自媒体网红等等。

说服者的亲身经历本身是最有说服力的。比如一个有八块腹肌的健身教练和学员分享自己原来有啤酒肚，后来在 3 个月内减掉 20 斤体重。因为是亲身经历，说起来就会非常真实、详细、丝毫没有违和感，更容易打动人。在前面讲的第一个故事中，斯卡利之所以最后选择加入苹果公司，也是看到乔布斯已经改变了世界。

著名作家西蒙·斯涅克，通过研究世界著名的伟大领袖的行为模式，得出一个影响他人的"黄金圈法则"。这个法则的核心思想就是要调动起人们做事情的内在动机，让内在驱动力驱动人们做事情。如果我们用三层结构来说明"黄金圈法则"，最外面一层代表"是什么",中间层代表"怎么做",最里面的一层是"为什么"。通常我们想事情、做工作都只停留在最外面的一层"是什么",然后就开始干了,不会去想怎么做。而"黄金圈法则"告诉我们在做事情、想问题的时候,要先从最里层出发,先想为什么,然后再考虑怎么做,最后再去做。只有想得清楚,才能做得明白。

同样的道理,要想激发被说服者的内在驱动力,一定要先解释为什么。

影响力：
第一印象是一种先发影响力

影响力就是能够影响他人做出改变的能力，其中包括但不限于思想、行为、过程、结果，等等。而且由于通过非语言行为传达信息是影响力不可或缺的一部分，因此影响力不分国界，放之四海而皆准。

影响力是人的一种综合能力的表现，决定影响力的包括给别人的印象、感染力、号召力、说服力，等等。一个人的影响力越大，影响的人就越多。举个例子，公司的一把手的影响力一般大于二把手，一个有1000多万粉丝的明星的影响力要远远大于粉丝数不到1000的普通网民。

既然决定一个人的影响力的因素是多方面的，那么你的影响力当然就不仅仅取决于你给别人的印象。但是，你给别人的印象，尤其是第一印象，一定会影响你的影响力！因为根据科学研究结果，人们一般对一开始接收的信息比较重视，然后会根据此信息形成对别人的印象进而进行评价。而后来的不一致信息，并不占优势，还有可能被人们忽略掉。

第一印象是一种关系的开始。所以在现实生活中，第一印象一旦形成，人们常常由此来决定与你的沟通和交往程度。它某种程度上决定和影响着别人后来对你形成的总印象，这就是我们常说的"先入为主"，后边要想改变就很难了。这就是第一印象产生的影响力。良好的第一印象是沟通和合作的见面礼，也是发挥影响力的开端。

外在形象

你知道为什么有些知名企业对员工的着装有要求吗？比如，周一到周四要求穿商务正装或者商务休闲装，周五才可以穿休闲装。你知道为什么著名的咨询公司员工出差的时候，公司要求他们住五星级酒店吗？这些都是因为外在形象，尤其是在第一次见面的时候，你的客户首先会从你的穿着上来判断你们公司的实力、专业程度和收费标准，并做出信任度的初步判断。

所以，无论于公于私，保持一个专业的外在形象非常重要。比如，着装是否适合当时的场合？是否干净整洁？

有个朋友涉世未深，刚刚就职的一家公司的老总天天西服领带，可他偏偏上班第一天就身着 T 恤加牛仔裤。结果老总和他的首次沟通就善意地提醒他，这样的着装与公司风格不符。后来，尽管他有所改变，但是领导的第一印象却很难再有质的改变，对他总是批评有余，鼓励不足，甚至直言他上升空间有限。

等到他再换到一个 500 强外企工作后，基本天天穿正装，新领导十分认可他端正的态度。后来领导约见客户的时候，他陪同的机会总是多于和他实力相当但是着装比较随意的同事，而他的事业也开始峰回路转。

根据相关资料统计，有 80% 的销售失败是因为销售人员留给顾客的第一印象不好——销售人员还没开口介绍产品，顾客就已经决定不与他进行进一步的沟通了。因为初次见面，人们在前 30 秒钟的表现给对方留下的印象最为深刻，这就是我们通常所说的第一印象。第一印象决定了顾客对你的看法，直接影响着你的销售结果；如果你一开始给顾客留下良好的第一印象，那么顾客就会愿意继续与你谈下去，这样就增加了销售成功的概率；如果你一开始就留给别人邋遢、不修边幅，甚至不礼貌的印象，那么你的销售还没有开始就夭折了——顾客在心理上已经拒绝你了。

言谈举止

案例分析

小王和大刘刚加入公司不久，就作为新人被邀请参加一个公司的饭局。基于公司一贯的亲民文化，老板也参加了饭局，而且恰好跟小王和大刘坐在一张桌子上。

显然，老板知道他们两个都是新人，就笑呵呵地让他们各作个自我介绍。还没等小王说话，大刘就抢着说，我先来吧！

结果这一开腔不要紧，大刘从自己的出生地开始讲起，一路讲到成长经历，参加工作的经历，取得了什么成绩，有什么兴趣爱好，甚至把七大姑八大姨都捎上了……就这样手舞足蹈，吧啦吧啦地讲了 10 多分钟才停下来。此时，同事们早已百无聊赖地玩起了手机，老板的微笑也已经僵化多时……

轮到小王，他是这样作自我介绍的：

老板好！大家好！

我叫王路遥。"路遥知马力，日久见人心"说的就是我（自信的微笑）。我刚加入咱们公司的销售部三周的时间，不过已经被部门同事起了个外号叫"故事大王"。因为我每天都给小伙伴们讲故事，这些故事有时候还被他们拿去讲给客户听，据说效果不错。平时，我喜欢读一些人物传记类的书籍，里面有很多名人轶事。比如最近读的一本书《我的经验与教训》里，有很多关于黑石创始人苏世民鲜为人知的故事。感兴趣的同事有时间的话欢迎一起交流……

小王介绍完自己，同事们都向他投去了赞许的目光。

老板接茬儿说："原来不是小王，而是'故事大王'啊！很好！明天就请你到我办公室，给我讲讲你拿手的故事。"

为什么同样是介绍自己，小王的自我介绍这么受青睐，而大刘却遭嫌弃呢？

因为以下三点：

第一，小王用了"MLV 法则"介绍自己。

M 来自"Me"的首字母，表示"我"和"关于我"。L 来自"Label"的首字母，表示给自己贴标签。V 来自"Value"的首字母，表示对别人有什么价值。

小王是如何应用"MLV 法则"的呢？

Me（我和关于我）：小王在问候了大家之后，没有平淡无奇地说："我叫小王，来自北京，喜欢阅读。"相反，他简单地解析了自己的名字，不仅给人留下了深刻的印象，而且还赢得了人心："路遥知马力，日久见人心"。可谓一箭双雕。

Label（给自己贴标签）：小王说自己被同事起了个"故事大王"的外号。我们做个对比："我来自北京，喜欢阅读、运动、旅游。"哪个标签更容易让人记住呢？答案显而易见。

Value（对别人有什么价值）：小王提起自己最近读的一本书《我的经验与教训》里，有很多关于苏世民鲜为人知的故事，还邀请感兴趣的同事们一起交流。这种主动邀请就是小王想提供的一种价值。

第二，大刘介绍自己时拖泥带水，小王介绍自己时言简意赅。

现在是注意力稀缺的年代，很多人打开一个网页不会超过 5 秒钟，所以，人们会有多少耐心去听一个新来的同事在在饭桌上口若悬河呢？

第三，大刘介绍自己时平铺直叙，小王介绍自己时突出重点和差异化。

小王说："我每天都给小伙伴们讲故事，这些故事有时候还被他们拿去讲给客户听，据说效果不错。"短短的一句话，却突出了重点——故事大王，差异化——效果不错。又是一个一箭双雕。

经过初次自我介绍，大刘和小王给老板和同事们留下了非常不一样的印象。由此产生的影响力的差异也就可想而知了。

待人接物

1. 说话有态度：应该积极主动地接近顾客，热情、友善地对待顾客。如果销售人员语言幽默、侃侃而谈、不卑不亢、举止优雅，一定会给人留下美好的印象，顾客会觉得这是一个非常热情、善良、友好、诚挚的人。善待别人就是善待自己，你接受别人，别人才会接受你。

2. 沟通有温度：发自内心的微笑是留下良好的第一印象的一剂良药。微笑是一种友好的表示，好像在说："很高兴认识您，您让我开心，我敬佩您，我感谢您……"在与客户或新员工初次见面时，脸上洋溢出愉悦的微笑，会给对方以亲切、容易相处的感觉，而这种感觉正是陌生人之间第一次打交道所渴望得到的。微笑会使对方觉得被人重视和喜欢，而每个人都喜欢这种被尊重的感觉。

另外，微笑是活力和积极的生活态度的体现。灿烂的笑容可以体现出你热情、乐观和宽容的心境，会对对方产生精神上的强烈吸引，因为每个人都愿意和开朗、乐观的人交往，希望自己的情绪也可以受到感染。

3. 做事有价值：真正地关注对方的需求并且尽量满足需求。发自内心地重视顾客，才可以受到别人的重视。具体怎样体现对顾客的尊重呢：

① 牢记顾客的姓名，这是对顾客尊重的一种表现，往往会创造意想不到的机遇。因为，一般来说，每个人的名字都是自己最熟悉和最在意的。

② 清楚顾客的职务等。在为他人作介绍时，要完整、清楚地说明对方的姓名、职务、职称或服务单位等，让顾客有显要感，以示尊重之意。

③ 使用尊称和礼貌的称呼，比如说"您""女士""先生"等。可以根据年龄、职业、性别等进行准确定位，这样也会让消费者感到受到了重视。

传播力：
引爆超级传播的八个条件

如果现在我问你："你'舌尖上'的一句广告语是哪句？"你脱口而出的会是哪句呢？

要是有人在我小时候问我这个问题，估计我会不假思索说出那句："一旦拥有，别无所求。"那时候妈妈总是拿这句广告语"开涮"："'一旦拥有，别无所求。'说得太夸张了！带着这块表，也得上班、下班、吃饭、睡觉吧。"我笑着不说话，知道为什么妈妈说这句话，因为她就拥有这么一块表，但是别的追求一个都没少。

为什么这句话给我留下了这么深刻的印象？因为在那个年代，这句广告语随着广播和电视走进千家万户，可以说是妇孺皆知，而且这八个字朗朗上口，读起来特别顺溜。在20世纪七八十年代，有如此传播力的当然不只这句广告语，《我的中国心》《我很丑可是我很温柔》《水手》《真的爱你》等一大批流行歌曲当时也席卷了大街小巷，不仅随处都可以听到，而且很多人都能随意哼上几句。为什么这些歌曲的传唱度这么高、传播力这么强？

2017 年我创立了自己的微信公众号"keep 精进"，2018 年我开始写专栏。这期间，我写出过全网阅读量超 10 万的文章，也写出过阅读量不到三位数的文章。开始的时候我百思不得其解：同样是自己一个字一个字用心码出来的文章，为什么传播力会差这么多？后来，我对自己的文章与传播力之间的关系做了个研究，发现传播力大小和文章标题、封面图片、内文图片、文章长短、文章内容、用户是否转发、是否有公众号大号转发、是否有大 V 转发等因素高度相关。再后来，我看到了社交媒体追踪服务分析工具 BuzzSumo 中的一篇文章，它曾经对社交媒体上超过 1 亿篇文章进行了全面扫描，并且根据大数据分析的结果解释什么样的内容让用户更乐于分享，更易获得病毒式传播。巧的是，它得出的 8 个结论与我的研究不谋而合：

1. 长文章比短文章更容易在社交媒体上被分享。

移动互联网时代最缺乏的就是注意力，写短篇文章是否更容易满足读者碎片化阅读的需要？

大数据研究的结果正好相反。根据分析，10%(前 1000 万篇) 获得最多分享的文章，绝大多数是长篇文章。按照平均数字来看，长篇文章获得的分享转发量也高于短篇文章。这背后可能存在的一个逻辑是：尽管用户喜欢看那些"短、平、快"的文章，但他们喜欢分享转发的，是那些能显示出他们的品位和智商的长篇文章。

2. 文章插入至少一张照片可增加分享转发率。

人是视觉类动物，一张图片胜过千言万语，视觉的重要性不言而喻。社交媒体上的文章，插入和不插入照片，分享转发率差了 50% 之多。另外，图片的颜值够不够高也会影响文章的转发率。

3. 文章最好能勾起用户的情绪，比如觉得有趣、开心、愤怒，并能让用户陶醉其中。

能引起用户情绪变化的类型依次是：敬畏 (25%)、大笑 (17%)、娱乐消遣 (15%)、高兴 (14%)、共鸣 (6%)、愤怒 (6%)、惊奇 (2%)、悲伤 (1%)，其他情绪类型占 14%。

4. 用户喜欢分享转发清单和图表。

清单、图表、"怎么做""什么是 (文章开头)""为什么 (文章开头)"和视频。以上六种类型的文章，哪类最容易获得分享转发？答案是清单和图表。像《关于职业转型，3 个职场中年的10 条肺腑之言》这类清单式文章，能让用户一眼就看懂文章的结构，看到文章的价值，进而阅读和转发。图表式文章也有便于阅读和理解的优点。

5. "10"是清单式文章的神奇数字。

大数据研究表明，在清单式文章中，含有"10 大""10种""10 条"这类字眼的文章容易获得更多分享，这大概和我们相信十全十美有关系吧。另外，"3"也是一个神奇的数字，因为我们的大脑一般只能记住三件事，所以对"3"这个数字也更加敏感。

6. 用户更倾向于分享那些看起来值得信任的作者的文章。

社交媒体上的文章，作者署名和不署名，有没有个人照片和简介其实都会影响文章的分享转发。

7. 大 V 和微信公众号大号分享转发你的文章会带来指数级效应。

原因当然也不难理解——他们有更大的粉丝群体，因此也有更大的影响力。所以他们会为你带来指数级的传播力和一站式连锁性红利——增加阅读量和点赞量，增加粉丝和新增粉丝的进一步转发。

8. 旧文章可适时重新推广。

大数据研究表明，文章在社交媒体发表三天后，分享转发率在接下来四天平均会下降 96%。一周之后，第二、三、四周的分享转发量会比第一周的至少下降 86%。在不影响用户体验的前提下，适时通过各种方式重新推广旧文章是非常管用和必要的。比如，我通常在每篇文章结尾都会有"延展阅读"部分，分享以前同类文章的链接。另外，微信公众号推出的"专辑"也是类似的功能。

《纽约时报》曾调查过 2500 位读者，分析他们转发文章的动机，得出结论是：

① 分享有价值或娱乐性的内容给他人。

② 定位和展示自我形象（通过分享转发，暗示自己是什么样的人）。

③ 维护关系（分享转发可与他人保持一定的互动和联系，点赞也是）。

④ 自我实现（分享转发会给人一种"更多关注和参与世界"的感觉）。

⑤ 通过分享转发他人的文章，来表达自己关注的议题和立场。

《疯传》的作者乔纳·伯杰经过大量的实验论证，总结出了使传播具有感染力的六大原则：社交货币、诱因、情绪、公共性、实用价值和故事。

1.社交货币：一个人把你的内容（哪怕是一句广告语）分享出去，你就会觉得很有面子，因为它可能代表着一种品位或者与众不同，并且让你和一群人产生了共同的话题和语言，这就叫社交货币。

2.诱因：诱因是把你要传播的东西跟一个高频的事物结合起来，哪怕这个高频事物只存在一段时间。

举个例子，教你怎么面试和找工作的文章不仅有传播力，而且是"常青树"。过年的时候有关拜年、春节礼仪、怎么面对亲戚的提问一类的文章传播力很强。

3.公共性：公共性，简单地说就是不仅你自己知道和参与，大家也要知道和参与。《引爆点》这本书中提到：要想引爆流行文化，人永远是最重要的因素。只有充分发挥人的主观能动性，我们才能真正达到"引爆"的效果。

举个例子，假设有一张足够大的纸，把它对折 50 次，它能达到的高度，几乎是地球到达月球的距离。这是因为，在折叠的后半阶段，白纸的高度会呈现指数级的增长。我们常常会听说，一些微信公众号文章的阅读量会达到十万，百万，甚至千万。这听起来是个很难达到的目标，但在实际操作中，只要接收到信息的人愿意继续传播，一传十，十传百，那么就像折纸的高度呈几何级数增长一样，阅读文章的人也会疯狂增长，由此，一篇爆款文章就产生了。

4. 情绪：如果你的产品或品牌能激发他人的情绪，它就能得到疯传。

激发情绪是有技术的，情绪分两种，一种是积极情绪，一种是消极情绪；还有一个维度叫作高唤醒和低唤醒。所以共分成四类：

① 高唤醒积极情绪。

能够带来崇高感、感动、敬畏和勇敢。这些东西全都是高唤醒，也是积极的，这种感觉会导致你愿意去传播和转发。比如那首传唱了多年的《我的中国心》《我很丑可是我很温柔》都是这种类型的。

② 高唤醒消极情绪。

恐惧、愤怒是最容易让人转发的。有关拐卖儿童的文章为什么那么火？因为它引发了所有人的担忧——所以为了孩子也要转。这就是我们所说的"消极但是高唤醒情绪"。

③低唤醒积极情绪。

舒服、惬意、悠闲都是正能量很高的事情，比如说你喝着咖啡晒太阳基本不太会有人转发，这是积极的但是低唤醒的。

④低唤醒消极情绪。

悲伤、难过的情绪。比如说你考试没考好，在朋友圈抒发了一下情绪，大家大概率是不会转发的。

5. 实用性：实用性就是你转发的东西能不能给对方带来好处，因为大多数情况下每个人最关心的还是自己。比如，转发这个对自己有没有实际利益？现在那种只要转发就可以获得分成的会籍、培训类文章都有很强的传播力，原因就是它给当事人带来了实实在在的现金利益。

我们再讨论一个问题：什么样的文章会广为流传，是标题党的文章吗？不是。是否具备传播力最终还是要回归本质——那些有一定深度、经过细致研究、有洞察力的原创文章才更有生命力和传播力。

6. 故事：你知道"农夫与蛇"的故事吗？你知道说谎的时候鼻子可能会变长吗？这些故事之所以会这么广泛地传播，是因为它们容易被传播、被理解和被接受。其实人类自诞生之日起就对故事情有独钟，甚至很多人类的文化就是靠着口口相传的故事得以传承和延续的。所以现在的很多广告本身就被打造成一个个故事。

用故事引出与之关联的产品和服务从而增强传播力是非常明智的做法。

深度剖析九个最常用的沟通场景

我一直很重视场景实战。因为场景是生动的、鲜活的和流动的。它能让我们更加贴近真实，让我们有机会身临其境地体验问题，然后设身处地地去考量和解决问题。

当然，不同的场景需要不同的技能。在本章里，我将一一拆解最常见、使用频率更高，并且结果对我们影响更大的九个沟通场景。虽然它们都很常见，但是常见的不一定熟悉，熟悉的不一定掌握，掌握的不一定精通。而我们不求最全，但求最精。

职场沟通：
高效能人士职场沟通的七个习惯

有调查表明，职场中的人们要将 60% 以上的时间和精力用来处理各种复杂的人际关系。说服老板加预算，要沟通；要求供应商降价，要沟通；管理下属带队伍，还是要沟通。

如果沟通不高效甚至无效，就会导致你的整体效率下降，产出降低，表彰名单上没有你，每天加班总是你，但你却与奖金无缘，要升迁无望。

职场中的沟通多种多样，包罗万象。常见的职场沟通有：汇报、总结、面试、述职、演讲、谈判、即兴发言、讨论需求、回顾项目、申请预算、管理团队，等等。

无论是对于管理者，还是普通员工，高效沟通都是最基本的能力：

案例一

一个空降过来的领导第一次在内部质量管理大会上做分享。本来是要讲怎么提高产品质量的话题，结果上来没几句就把话题扯到自己参观国外工厂的经历上，大谈特谈国外的研发能力如何强，生产效率如何高，精益生产做得如何到位，而且口齿不清，语言啰唆。员工们纷纷私下议论这位新领导到底懂不懂质量管理，甚至开始质疑他的领导能力。

案例二

一个同事做述职报告。规定的 15 分钟述职时间已经延长到 20 分钟，还不见要结束的迹象。下面的同事们 30% 在看手机，30% 在发呆，30% 开始打瞌睡……

案例三

职场老王总是不会做跟进的沟通。当事情交给他后，会很久没有反馈。过了几个星期，老板突然想起来，就问他事情进展得怎样了，他说："完成了。"他洋洋得意地以为老板会很满意，其实老板心里的满意度已经打了折扣，再问他："什么时候做完的？做的质量怎么样？关键点一……关键点二……关键点三……都考虑到了吗？"听到这些问题，老王变得局促不安起来，因为老板提到的那些关键点他并没有考虑到，所以他所说的结果仅仅限于完成而已，质量上并没有保障。

导致职场沟通低下的原因有很多——信息不对称、表达不清楚、没有准备好、情绪失控、不够尊重对方、忽略了对人性的关注，等等。

下面我们要介绍到的职场高效沟通的七个习惯，将助力你占据先机和主动，一步步在职场上精进和高升。

第一步：放下情绪。

先整理心情，再开口沟通。

有情绪的时候，人会被大脑里的杏仁核"绑架"，极有可能说出很难听的话，事后又追悔莫及。那么，我们在沟通之前，要怎么放下情绪？

首先，要培养同理心，放下"我"。

这个是最核心的部分，因为一切的负面情绪和外在的表现都是因"我"而起，"我"是一切的根源。要想放下"我"，就要先弄明白：

1. 如滴水之于大海，人不过是沧海一粟，不要把自己太当回事。

2. 努力修"无我"的境界，不要认为世界要以"我"的意志为转移。

3. 以身作则地做出改变，不要只作旁观者，认为改变只是别人的事。

其次，要学会断舍离，放下"他"。

有一个词叫"耿耿于怀"，说的就是你无法放下某一种情绪或者某一件事，某一个人。如果这经常会导致你产生一些负面情绪，久而久之就会影响到你的身心健康。怎么放下"他"呢？无论对方是人还是事，问自己三个问题：

1. 他知道你有情绪吗?

2. 放不下能改变什么吗?

3. 如果不能改变,为什么还不放下?

再次,当冲动来袭时,采取"三不"原则:不说话,不思考,不行动。

1. 不说话:因为说话即伤人。

脾气上来,一言不合就恶语相向或大打出手的例子在现实中简直不胜枚举,所以,冲动时尽量不要说话或者少说话。做几次深呼吸,带入更多的氧气可以让你的头脑更清醒些,神经也可以稍微松弛下来。这里给大家介绍一种"478呼吸法",大家可以自己尝试一下。具体做法是:当你意识到自己生气了,深呼吸,吸气,并默默数4下,屏气,不着急呼出去,憋着这口气数7下,最后慢慢地呼出去,数8下。

2. 不思考:因为思考无可能。

冲动时刻的你是被情绪绑架的,理性思考几乎绝无可能,那一刻,我们既没有思考的时间,也没有思考的能力。我们能做的就是将"三不"原则培养成一种条件反射般的习惯。等到你从当时的情绪中走出来时,再思考也不迟。

3. 不行动:因为一有行动就坏事。

经常听到一些人事后总结说:"我当时太冲动了,所以就动手打了他……""当时觉得太憋屈了,所以就跟领导吵了起来并提出了辞职……""当时太愤怒了,所以说了不该说的话,结果伤害了他……"

最后，注意保持精力。人在缺乏精力的时候比较容易发怒，情绪也更容易偏负面。缺乏精力可能是因为缺乏睡眠，工作压力大，身体有恙等原因造成的。以身体有恙为例：当身体出现问题，相当一部分人的意志和情绪会变得消沉，而这会形成一个恶性循环：健康问题—情绪问题—健康问题—情绪问题。

第二步：积极主动。

职场中的沟通要积极主动，不要等到事情快搞砸了才想起向老板请示汇报。想想看，如果老板交代给你一个项目，交代完之后就如石沉大海，因为你从来不向老板主动汇报。直到有一天，项目出了问题，你发现自己搞不定了，才不得不硬着头皮去找老板解释整个事情的来龙去脉，是不是很被动？

S先生是采购经理。有一次因为供应商供货的问题导致工厂的生产线停了。这对于一个制造性企业来说是大事，每天的损失多达上百万元。但是因为怕承担责任，采购经理没有第一时间把这件事上报给他的上司采购总监，而是极力掩盖。后来总经理知道了这件事去问责采购总监的时候，采购总监才知道因为供应商的问题工厂停产了！他当时的心情可想而知。后来又发生了几次类似的事情，采购总监最终把采购经理解雇了。

主动沟通体现的不仅是一种能力，更是一种态度！机会只留给积极主动的人。

第三步：以终为始。

以终为始的具体做法是要目标明确，结论先行。

你的下属来找你汇报工作。当他富有激情地做了 10 多分钟的铺垫并娴熟地运用"因为……所以……可是……当然……"之后，你依然一头雾水，一脸无辜地看着他。最后你忍不住问："抱歉还是要打断你一下，你到底想说什么？"

沟通的时候，既要时刻盯着目标，防止跑题，也要先说出结论或者大纲，让听众有个预期。漫无目的的沟通既浪费了彼此的时间，又无法解决问题。

第四步：要事优先。

事情的轻重缓急要分明。

假设你现在有一个电梯演讲的机会，而你有三件事要说，第一件是关于过去上半年绩效的；第二件是关于马上开始的下半年的业务发展机会的；第三件是关于你部门的一些琐事。先说哪件？

德鲁克提出了四个确定优先次序的重要原则：其一是重将来而不重过去；其二是重视机会，不能只看到困难；其三是选择自己的方向，而不是盲从；其四是目标要高，要有心意，不能只求安全和方便。

第五步：学会赞美。

学会赞美的秘诀是要发自内心。

职场中，我见过不少因为沟通不到位或者沟通不得体，导致纷争、冲突，甚至还有升级成暴力事件的情形。而发自内心的赞美就不会产生这样的问题，因为人都是喜欢被赞美的。何况这个赞美是发自内心的。

发自内心的赞美的主要特点是具体、翔实、带着案例或者故事，而不是用轻描淡写的一句"他的能力很强"就可以敷衍的。

想想看"他的能力很强"和"他的能力很强。比如有一次遇到了一个很棘手的问题，他上去之后只用了10分钟就解决了问题"。哪种表述听起来让人觉得更加真实，而不是敷衍？

情形一和情形二都是受欢迎的表达方式，但是情形二更受欢迎，因为它听上去更加真诚。而单纯的感谢可能会让人觉得空洞，甚至怀疑陈述人的动机和目的。

第六步：减少抱怨。

要学会让正能量环绕着你。

谁的职场不委屈？但是，我们要尽量少抱怨、少吐槽。总是抱怨会导致别人慢慢远离你，而总是吐槽的后果就更严重了！

案例分析

一位新老板上任初期与他的直属团队一一做沟通。

轮到D先生，他开始向老板倾倒自己的一肚子苦水：任务重、薪水低、手里没筹码、团队不好带、内部客户要求太多、外部供应商总是不给力。

新老板当下没说什么，私下却做了背景调查。结果发现D先生爱抱怨、爱吐槽是出了名的。而且，他这种行为不仅影响了他自己的情绪、工作进度和质量，也让团队变得缺乏凝聚力。而且，他这种性格导致他遇到问题不善于自己承担解决，而是更倾向于甩锅……

3个月后，D先生被公司解雇了。

在职场中，再多的委屈也请自己消化。否则，一旦被老板认定是你在搅乱团队氛围、动摇军心，其后果不言而喻。

要记住，一方面，老板不是你的家长，他可以助力你的职业发展，但是无法负责你的心智成长；另一方面，你也不是孩子，成年人的情绪管理需要自己修炼。

第七步：自我迭代。

自我迭代的最终目标是成为职场沟通的常青树。

高效沟通的根本目的是为了解决问题，有时候，是或不是，行还是不行，中间真的只差一个高效沟通。高效沟通能力不是一天练成的，它需要不断打磨。要成为职场沟通的常青树，就要在三个方向上下足功夫：向上沟通、平级沟通、向下沟通。向上沟通要主动，平级沟通要及时，向下沟通要到位。

我身边优秀的管理者在沟通的自我迭代方面做得都很好，除了常规的各种例会，他们各显神通。

比如：有的设立"咖啡时间"，可以与员工轻松交谈；有的不定期召开圆桌会议，与员工畅所欲言；有的约员工一起散步，一边享受运动带来的多巴胺，一边讨论各种话题；有的坚持与员工一起就餐，收获的不仅仅是体验；有的办公室的门永远敞开，随时沟通解决问题。

……

高效沟通也不是一成不变的。比如沟通的媒介就发生了很大的变化。现在已经很少有人再使用移动运营商的语音服务了，因为大多数情况下人们都在通过各种社交软件沟通。你公司里有"90后"或者"00后"的员工吗？你跟他们的沟通顺利吗？高效吗？只有不断迭代自己的沟通方法，沟通方式和沟通工具才能成为职场沟通的常青树。

求职面试：
求职面试"制胜三部曲"

面试是"倾听—回答—提问"三部曲。

面试的核心问题其实只有一个——为什么你最合适？所以，在整个面试过程中，面试官的问题一定是围绕着这个提出的，而候选人的回答也应该始终围绕这个问题展开。为了做到这一点，你就必须认真倾听面试官问的每一个问题。这样才能抓住问题的实质，否则，就可能不得要领、答非所问。

因为工作的缘故，最近这些年我有机会面试过很多人，从一线员工到团队主管，从资深经理到执行总监，也有回归职场的创业者。候选人来自天南海北，年龄、性别、教育背景、工作经历多种多样。不过大家似乎都面临着同一个挑战：面试中，该怎么更好地去倾听？

案例一 看似非常专注，其实注意力早已分散

在面试官眼里，坐在对面这个候选人是今天所有应聘者中看起来最专注的。他正视着面试官，表情温和，嘴角微微上扬……

"……我们公司的情况大致就是这样。一口气介绍了这么多，

你看看有没有什么问题？"面试官问道。

不料候选人没有反应。

"李先生，你看看有什么问题吗？"面试官提高音量又问了一次。

"啊！你是问我做过什么培训吗？我做过的培训有……"

案例二　看似相当理解，回答时逻辑混乱

"你能分享你的一次失败的经历吗？你从中学习到了什么？有什么经验和教训？"这绝对是个面试中高频的问题。

"好！我记得两年前我被分到了一个项目组。这个项目组的成员非常多元化，除了1个中国人，还有法国人，韩国人……虽然也有意见不统一的时候，但是整体来说我们合作的非常愉快"。

案例三　自嗨式表达，完全不顾及面试官的感受

"现在请你用两分钟的时间介绍一下自己。"面试官面带微笑地说。话音还没落，候选人就迫不及待地打开了话匣子。从服务过的公司讲到从事过的岗位，从难忘的项目管理经历说到自己各种培训的经历，当然也少不了自己的教育背景、兴趣爱好……

时间已经过去了5分钟，这个候选人丝毫没有要结束的意思，而面试官的眉头越皱越紧了。

不会倾听不仅仅会影响你回答问题的质量，更重要的是，可

能让面试官觉得你哪里有问题。面试这么重要的事情，为什么不好好倾听呢？是不是态度有问题？是不是不重视这个机会？还是不尊重面试官本人？你看看，这些标签随便哪个给你贴上，就算再好的机会估计也只能擦肩而过了。岂不太不划算？

求职面试时，我们该如何做好倾听？

第一步：用身体倾听。

身体倾听不仅要带上耳朵，整个身体也要参与其中。比如，身体前倾表现出兴趣，目光正视对方表现出尊重，眼神专注表现出认真（不是盯着看），面带微笑表现出谦逊，等等。当你这样做的时候，面试官就可能倾向于与你分享更多的信息，这对你是非常有利的。另外，在面试官讲话的过程中适时点头示意，这既表示你在用心倾听，也可以让对方感到你很有风度、诚恳、不怯场。当面试官介绍公司和职位情况时，更要适时给予反馈，表明你很重视他所说的内容，并且记在心里了。

第二步：用大脑倾听。

用大脑倾听包括：第一，专注于他人的讲话内容，与自己的知识和信息做联结。第二，尽量搞清楚他人的想法，获取他们的观点和关注点，以便在需要的时候举例引证。比如，他们问这个问题的目的是什么？下面可能要问什么问题？我该怎么回答？这样就可以变被动为主动。第三，留意讲话者的口头线索。比如"第一""第二""第三"等证据论述以及介绍情况时的关键信息。比如，公司的营业额、员工总数、市场地位、客户群体，等等。这样回答问题的时候就能直接引用，也更能做到有的放矢。

第三步：用心倾听。

它是一种同理心，能与他人建立情感的联结。并且，倾听者需要避免自己的感受妨碍倾听。此外，它还包括理解讲话者的非语言线索，比如对方的表情、语气、眼神、动作示意等。想象一下，当你在回答一个问题时用了很大的篇幅，然后你发现面试官已经表现出某种情绪的时候，比如看手表或者明显表现出不耐烦，你就应该得体地停下来。

现在面试第一部曲——倾听没问题了，下面就是面试的第二部曲——回答。这个部分我们需要注意的是：大多数情况下，面试官和候选人并不认识，因此候选人不能假设面试官知道他将要分享的一些事情的背景、过程和结果。所以在回答问题时，建议使用"STAR 模型"，即要描述"Situation（情境）、Task（任务）、Action（行动）和 Result（结果）"。这样你就可以讲述一个完整流畅的故事：从情境开始，到给你分配的任务，然后是你采取了什么行动，最后是你在上述具体的情况下达成的结果。

以下是"STAR"的每个部分需要回答的问题：

Situation（情境）——设定你举的例子发生的场景。

1. 发生了什么事情？

2. 什么时候发生的？

3. 发生的背景?

4. 怎么发生的?

5. 有谁在场或者参与了?

6. 主要问题或者矛盾是什么?

Task（任务）——需要完成怎样的任务。

1. 你承担了什么任务来解决这个问题?

2. 这项任务是你的上级分配给你的吗?

3. 这项任务是你独自承担吗?

4. 其他人也有任务吗?

5. 任务有时间上的要求吗?

Action（行动）——讲解你为了解决问题而采取的步骤。

1. 你先做了什么?

2. 然后做了什么?

3. 最后做了什么?

4. 大家有什么反应?

Result（结果）——分享行动最后的结果以及经验教训。

1. 最后的结果是什么?

2. 各方面都达到或者超过预期吗?

3. 学习到了什么?

4. 有什么经验和教训?

5. 有更深远的影响吗? 比如，因为成功完成了项目，你晋升了……

举个例子，面试官要求你分享一个印象深刻的做项目的经历。用"STAR 模型"描述是这样的：

Situation（情境）：那个业务规划战略项目是在时间紧、任务重、人手缺乏，而且团队没有任何经验，需要一点一点摸索的情况下展开的。

Task（任务）：具体的任务是在 5 个月内，完成对华东下沉市场的调研，形成调研报告，提出公司下一步发展的建议。

Action（行动）：项目获得批准之后，我们马上成立了六人专项小组。由于团队缺乏相关经验，而且事关公司的发展方向，所以我们第一时间以最小的投入借助"外脑"——请了一个咨询顾问，做了全面的市场调研，同时对标领先的竞争对手。

Result（结果）：尽管项目执行过程磕磕绊绊，我们最终还是如期完成了项目。而且无论是时间、资源投入还是达成的结果等方面都符合项目目标的预期。

最后，还有一个需要特别注意的是，当面试快结束时，面试官问候选人："你还有什么问题吗？"你该怎么回答？这也是面试的第三部曲——提问。我见过最直白的回答是："我没有什么问题。"当然，当你这么直白之后，换来的可能是"拜拜"——工作几乎无望了。因为这个问题看似简单，它要考察的却是面试者怎样看待面试的职位，是否做过深入的思考和研究。如果做过，一般一定是有问题的。它同时也可以考察面试者的逻辑思维能力和语言组织能力、表达能力，等等。

从定量的角度，此时提 3 个问题比较适中。正常情况下，少不要少于 2 个，多不要多于 5 个。从定性的角度，建议提问三个方面的问题。

1. 关于整体和大方向的。

比如，可以问公司的价值观，以及公司未来的发展策略，公司的数字化程度，等等。"不想当将军的士兵不是好士兵"，所以，即使是一线员工也应该问这样的问题，公司的大环境和发展前景是每个候选人都应该关心的。

2. 关于职位本身的。

比如，可以问公司对这个职位是怎么定位的。这个问题其实是从侧面了解应聘的职位可能给自己带来的价值以及对公司的重要程度。也可以问招聘人员对候选人有什么具体的期望等。这些问题一方面可以让你了解更多信息，同时也可以让面试官感受到你对这个职位的兴趣和关注。

3. 关于个人发展的。

可以问如果有幸加入公司并绩效优异，公司可以提供什么样的职业发展机会，以及公司的人才培养计划等。这会让面试官感受到你对职位的规划和诉求。这些都是加分项。

做好了"倾听—回答—提问"这三部曲，你定能在面试中先人一步。

晋升答辩：
晋升答辩中的"是"与"非"

晋升答辩年年有，过关斩将怎么走？

我写这本书的时候正值 9 月份，是很多公司一年一度晋升答辩的时候。身处职场的你一定得到这个机会了吧？你对自己的表现满意吗？有哪些经验或教训可以分享？

我亲历和目睹了很多场晋升答辩，所以有机会感受候选人那边是海水，评委那边是火焰的心情。水和火是没办法擦出火花的，我们看看晋升答辩的现场有哪些"翻车"事件：

案例一　晋升答辩不是项目回顾

小 A 是公司的项目经理，持有项目管理证书，理论知识扎实，实践经验丰富。她在分公司带领着一个 5 人的项目团队，这次要晋升到总部项目经理，管理的范围和团队都扩大了。

在成果展示阶段，小 A 以一个重点项目为例，说明了自己是如何在时间紧、任务重、资源不足的情况下领导团队提前完成这个项目的。期间，她引用了大量的数字、图表和具体案例来作辅助说明。然而，到了问答环节，评委们的问题让她卡了壳："你分享的案例是一个你做过的项目。对于未来有机会接手的总公司的项目，你做过研究吗？那些项目有什么新的特点和新的挑战？你准备怎么应对和解决？"小A："嗯……总部的项目应该是更偏向全局的那种，比如说数字化转型。不过我还没有进行深入细致的了解。这个作业一定补上。"

晋升答辩不是项目回顾。二者的主要区别在于：项目回顾更关注已经取得的成绩，而晋升答辩更关心未来要发生的事。

案例二　晋升答辩不是工作汇报

小B是公司的销售经理，这一年以来的业绩很好，而且已经连续两年拿到最高绩效。这次要晋升到高级销售经理，并且要带两个人的小团队。这是一个典型的从个人贡献者到团队管理者的晋升。

在成果展示阶段，小B详细地说明了自己当年负责的区域的销售情况、与预算的对比、客户应收账款情况、新客户开发情况、客户转化率、重要项目的进展、新项目的跟进，等等，洋洋洒洒把自己做的30多页PPT都讲完了。

到了问答环节，评委们问了三个问题：

第一个："你的销售数字看起来挺亮眼的，具体是怎么做到的？"

小B："主要是跑客户跑得勤，服务做得周到。公司产品好，口碑棒，把原有客户服务好就不愁产品卖不出去。"

第二个："你这次要晋升到高级销售经理，你觉得它和销售经理之间有什么区别？"

小 B："我觉得高级销售经理要承担更多的销售业绩指标，为公司业务的增长添砖加瓦。哦！对了，还有机会带两个人，以后我就不是一个人战斗了！"小 A 说到这儿，憨厚地笑着挠了挠头。

第三个："通过你的简历可以看出，你原来没有带人的经历，你准备怎么管理好即将接手的这个团队？"

小 B："哎呀，这个我还没有具体想过。因为这两个人平时就是跟着我的，只是没有正式的上下级汇报关系。我是想着等到晋升落地了我再具体规划一下。"

晋升答辩不是工作汇报。二者的主要区别在于：工作汇报更关注具体工作指标的结果和具体是怎么做的，而晋升答辩更关注在工作中解决实际问题总结出来的方法论和系统解决问题的能力。

案例三　晋升答辩不是技术分享

小 C 是公司的技术骨干，非常善于从 0 到 1 的工作，也就是把新产品从无到有地研发出来。从设计产品蓝图到样品制作，小 C 都不在话下。这次他要晋升到生产工艺技术经理，全面负责生产过程中的工艺保证和优化工作。

在成果展示阶段，小 C 重点讲了他是如何针对一个设计难题做技术攻关的。为了解释这个过程，他在 PPT 以及口述讲解中用了大量的技术术语，并且画了工艺原理图。可惜评委们都不是搞技术出身，看得一头雾水。

在问答环节，评委们问了一个和生产相关的问题："你很善于做从 0 到 1 的技术攻关和突破工作，但是你现在争取的这个机会其实是确保从 1 到 N 如何能够顺利进行，也就是从样品到量产阶段通过稳定的工艺确保产品质量的一致性、产出率以及生产效率。"

小 C："这听起来是个技术问题，解释起来有点儿复杂。从技术的角度来说……从工艺的角度来说……"

晋升答辩不是技术分享。二者的主要区别在于：技术分享更关注技术实现、技术难题和技术攻关，而晋升答辩更关注如何通过技术手段解决现实中的问题。

那晋升答辩到底是什么？其实，晋升答辩可以看作一次内部面试，它始终围绕着一个问题展开——"为什么你可以晋升"。它的本质是要你向所有人证明自己有能力把对应等级水平的事情做好。它的核心有三点。第一是你能承事。敢于把事承担下来，才有机会担负更大的责任。这时，你可以分享"每当有新项目下来，自己都是第一个冲上去的"这种实例。第二是你能成事。把事做成，检验的是你解决问题的能力。你可以列举你做过的成功的项目，尤其是某个新项目。第三是你能形成自己的一套方法论。这说明你会系统化地思考、归纳、总结和积累。方法论的底层逻辑是系统化地解决问题，所以它需要用很多相同和不同的事去验证，而不是靠一件事。比如，怎么找到一个问题的结症所在？系统化的方法是问 5 个为什么，或者使用鱼骨图分析法，它们可以应用在不同的场景中。然后，你需要举几个应用这些方法论解决不同性质问题的案例。

晋升答辩中要客观真实地展示自己过去一段时间做过的项目和对业务的总结思考，突出自己各方面的能力。然后评委会根据你的表现，对标各级能力的要求，给出意见和结果。晋升答辩是个人能力展示——聚焦自己，让每一页 PPT、每句话、每个数字、每张图片都能展示出你思考的痕迹和你的逻辑思维的能力。

从内容结构来说，晋升答辩要聚焦在三个轴上：

第一个是时间轴：过去，现在和将来。

过去：你的业绩、解决的问题和积累的经验。这些证明了过去你很棒！

现在：你的技能、你的知识体系和你的人际关系。这些证明了现在你很强！

将来：你的学习能力、适应的能力和改变能力。这些证明了未来你很有潜力！

第二个是能力轴：愿力、绩效和方法论。

愿力：你为什么愿意继续在公司服务？你想晋升的驱动力是什么？

绩效：你最近的绩效、领导和同事对你的评语和推荐。

方法论：通过认真思考以后总结出来的解决不同问题的底层逻辑、方法和工具。

第三个是顺序轴：准备 PPT，讲解 PPT，答辩。

准备 PPT：按照时间轴、能力轴和顺序轴准备相关的内容。

讲解 PPT：重点放在方法论和未来上面。

答辩：核心在"答"和"辩"这两个字上。"答"是陈述和回答。根据要晋升到的职位的职责内容陈述自己所具备的胜任资格；根据评委们问的问题做相应的回答。"辩"是评委和候选人针对"答"的部分进行深入的交流，以及可能针对问题本身做出的回答和针对延展问题做的思辨和进一步解释。

在此，我想跟大家分享一些关于晋升答辩方面的技巧：

1. 结合 PPT 作陈述时可以用"总分总"的结构，即先说结论，然后深入展开，再作总结；多和评委进行眼神交流；答辩前多练习；务必在规定时间之内讲完。

2. 回答问题时要充分体现深度思考和结构化思维的方式。比如，评委提这个问题的逻辑是什么？他其实是想理解什么？这个问题和哪些方面有关联？需要的时候可以和评委再次确认问题，确保回答的方向没有问题。体现结构化思维最好的方式是回答问题时说"有 × 点"，然后用"1、2、3……"或者"首先、其次、最后……"来陈述。不要只是点对点地回答问题，最好也阐述一下背后的思考、理论和整套方案，然后重点说明评委们问到的问题。

3. 针对评委们的问题，即使你事先有准备，也一定不要表现出来，而是要看起来像是经过了一番慎重的思考才得出的答案。这个过程需要平时多练，既可以录音后回放，自己体会和感受，也可以找家人、朋友帮忙给出反馈，练的过程中要注意自己停顿思考的时间，阐述答案的语速，等等。就像演讲一样，练得久了就形成习惯了。如果评委提出的问题你事先没有准备，那你的方法论就派上用场了。比如评委问："如果要在新的岗位上做出改变，你准备从哪里着手？"你可以回答："从三个方面入手。第一是组织结构，要确保它适应业务的发展需要；第二是人岗匹配，要确保专业的人做专业的事；第三是绩效管理，要确保它与业务总体绩效挂钩，而且公平、公正、公开、透明。"

最后，附上一份常见的晋升答辩问题清单：

1. 你怎么决定你的工作优先级？如果这个优先级和老板派给你的任务冲突了怎么办？

2. 新的工作岗位给你带来的最大的挑战和机会分别是什么？你准备怎么应对？

3. 如果要在新的岗位上做出改变，你准备从哪里着手？

4. 你接下来 3 年的职业规划是什么？具体做了怎样的计划和行动去实现它？

5. 你是怎么学习的，都通过什么渠道，又是怎么实践的？

6. 你的工作做得好坏，参照是什么？跟我们的行业内排名第一的竞争者对比，优劣势是什么？

7. 为了做成这件事，你觉得你的方法论中最关键的点是哪个，以及你有哪些心得？

8. 你觉得做这件事，公司和业务的诉求和目的是什么？为什么要在现在这个阶段做？

9. 你做的这个事情是以业务为导向的，很多事情会有损用户体验，你是如何平衡这两者之间的矛盾的？

10. 在改变用户的认知上，你过去是怎么做的？未来有什么更好的方法？

工作汇报：
工作汇报要兼顾态度、能力和"套路"

生活中，你迈出的每一步都算数。职场上，你的每一次亮相都重要。

职场上，开会有三个境界：第一个境界是，每天都开会；第二个境界是，有 50% 的时间在开会；最高的境界是，不是在开会，就是在去开会的路上。

身在职场，开会是绝对少不了的。而开会的时候，免不了要汇报工作。把工作汇报做好了，你的仕途可能步步高升；把工作汇报搞砸了，你的未来可能朝不保夕。

案例一 汇报工作不是报流水账

又到了一年一度的年终工作汇报时间了。老王在汇报的时候，把自己一年来的工作像一本流水账一样，事无巨细地过了一遍。而且，他做的每页 PPT 上都是密密麻麻的字，下面的人听得都昏昏欲睡了，当然，除了老王的上级——他倒是没睡，只是眉头紧锁，还不断地看手表。因为老王的汇报时间已经严重超时，并且还丝毫没有要结束的意思。老王的资格很老，当场催促他马上结束汇报又显得不礼貌。

"老王，这个销售额看起来不错。具体在各个产品线之间是怎么分配的？"上级终于忍不住发问了。

"哦，这个具体的分配嘛。这个……，那个……"老王开始局促起来，因为他并不知道细节。

"这样，现在不知道也没关系。你就先汇报到这儿，下面仔细研究一下我们再聊。"上级说完，如释重负般的长长地舒了一口气。

案例二 汇报工作别搞出其不意

星期一的下午，会议室里的气氛有些压抑。几个部门经理坐在那里无精打采的，只有D经理和他的上级相对清醒。

此刻，D经理正对着PPT吭哧吭哧地汇报工作（你说他是念PPT也行），上级没有看屏幕，而是看着D经理，脸上一副复杂的表情，是满意？是失望？是不理解？还是恨铁不成钢？一时还说不清。

"领导，"D经理突然提高了嗓门："今年的降价工作确实非常难开展，人工成本涨，原材料涨，连运费都跟着涨了！招标、谈判、画大饼这三板斧都已经试过了，根本没用。领导，你说怎么办？"

"啊？这小子什么意思？莫不是要给我下套？"上级没想到D经理会在这个时候突然给他提出一个开放式问题。上级心里这样琢磨着，嘴上却说："别着急，先把工作汇报完……"

这次工作汇报是上级要求D经理做的。在此之前，D经理从来没有主动要求过汇报工作。直到上周五上级从别的渠道听说D经理团队的绩效已经落下一大截，于是临时要求D经理周一汇报工作。于是就出现了上面的一幕。

案例三　汇报工作别敷衍了事

一个员工在微信上回复了上级一个"嗯"，结果被上级批评。这位员工表示不能理解，准备辞职……

对话是这样的：

上级："明天你有什么行程安排？"

员工："明天去市场做调研。"

上级："你都安排好了吧？"

员工："嗯。"

上级："……和领导或客户说话都不要回复'嗯'，这是基本的微信礼仪……（此处大概省略50多字）"

就是这段对话导致这个员工决定离职，她表示"不能理解"，感觉"得不到尊重"。

对于这件事儿，网友们纷纷发表看法。其中四条高赞的评论是这样的：

1.首先，这不算批评吧。领导也没数落她啊，然后还教给了她一些基本礼仪。如果对方给我回复一个"嗯"字，我基本不会再回下一句了，话不投机半句多。

2.说实话，碰到这种肯耐心中肯地教你的上级算不错了。有些上级只会在心里说"呵呵"，然后，你的前途可能已经毁了。

3.这个老板真不错，还愿意这么事无巨细地与下属分享经验。老板问明天的行程，作为下属，你不应该把详细的工作安排汇报给领导吗？去哪个市场？去的目的是什么？什么时间去？大概去多久？都有谁去？具体怎么分工？……作为下属，这些都是应该想到和汇报的吧？

4."嗯""哦""啊"这三个字在聊天中是最敷衍的回复。会让聊天的气氛顿时降到冰点，让人没有再交谈下去的欲望。

案例四　教科书般的工作汇报

到了M姐汇报了。她做的PPT文字很少，图形和数字却很多。有些数字的字号还特意被放大或加了颜色，让人一眼就能注意到。同时，M姐汇报工作时言简意赅，即使字数较多的页面，她也只挑出一两个重点来讲——除非上级要求她多讲一点。

到了问答环节，M姐对上级的发问对答如流，一看就是有备而来。上级在M姐汇报的整个环节都在不住地点头。

那么，M姐是怎么"征服"上级的呢？

第一，她在汇报前做了充分的准备。

对于汇报的内容非常了解。这一点在汇报工作时非常重要，因为上级可能会提出一些问题，并且会问到一些细节。有的上级提问时,更是会拿出"打破砂锅——问到底"的架势。如果你准备得不够充分的话,三言两语就会被上级问住,这样也会给上级留下不好的印象。

第二,她在内容的呈现上力求简洁,并且突出重点。

这里有一个小贴士:不要去简单地堆砌内容,绝不是内容越多越好。因为你放的内容越多,上级问的问题也就越多,而你并没有足够的精力去把那么多的内容都准备得面面俱到。内容多的后果就是你会更容易被上级问倒。

这里值得学习的是,M姐重点突出了图形和数字部分。大家知道,大多数人都是视觉动物,比起文字,我们更喜欢看图像和图形。同时,大多数上级对数字都是非常敏感的,而且数字本身就能说明很多问题。

此外,做PPT时在每一页放一个"精华浓缩",即你想让观众看见的比较重点的部分,然后对其进行重点阐释,这也是个不错的方式。

第三,她在汇报过程中,大道至简。

这样做的好处是,一方面你掌握了汇报的主动权,另一方面有助于你把控汇报时间。

关于怎么做好工作汇报,我在这里分享三个建议,它们兼顾了态度、能力和"套路"。

第一,态度上积极主动。

1. 想要在职场上有好的发展，不能只顾做事，还要学会工作总结。

《哈佛学不到》一书的作者马克·麦考梅克说："谁经常向我汇报工作，谁就在努力工作；相反，谁不经常汇报工作，谁就没有努力工作。"听起来是不是有点儿武断？但是细想想也有道理：你不说出来，我怎么知道你努力工作呢？

工作中，我们要积极地向上级汇报，主动与上级约定期的会议，比如，一对一的会议，或者是部门的绩效回顾。如果上级允许，可以随时动态地向上级汇报某些重大项目的进展情况，让他安心。记住，永远不要等着上级来问进展，等上级来问你时，要么就是已经出了问题，要不就是他没有听到任何信息，心里不踏实。

2. 要第一时间向上级提示重大风险、汇报重大事件的情况。

一家大型科技公司明确规定，下属向上级汇报工作的时间，不能拖得太久，重要事情要立即向上级反映；日常工作汇报，在未经上级同意的情况下，不能拖到第二天。如果有人延迟报告或忘记报告，公司会直接扣除部分奖金。

一般来说，重大的事件包括安全事故、合规事件、质量事故、生产线中断、公司名誉受损，等等。一样的道理，我们不能等着上级来追问，理想状态下，任何坏消息都应该由你第一时间向上级汇报，而不是让上级通过别的渠道知道消息。

3. 根据上级的习惯以及事情的重要或紧急程度来决定，在回复邮件时是否抄送上级？上级应该放在接收人当中，还是抄送人当中？特别提示：没有特殊情况尽量不要密送。

第二，行动上认真倾听。

在汇报工作过程中，大多数上级会作出点评，给出建议。想象一下，如果上级全程都板着脸一言不发，那估计是暴风雨前短暂的宁静吧？

当上级作出评价，给出指导意见时，我们要遵循下面的"三要"和"三不要"原则：

1. 要认真倾听；不要随意打断。

2. 要面向上级，这样既便于眼神交流，也利于倾听上级的建议；不要背对着上级，照着 PPT 念稿。

3. 要配合微笑和点头来表示同意上级的指导或者已经接收到他说的内容；不要只是说"嗯"或者"OK"。

第三，汇报时先说结果。

汇报业务成绩时，要先汇报结果再汇报过程。

因为大多数上级是更看重结果的，所以当你说了结果，上级可能点着头或者拍了拍你的肩膀说"干得好"，那时候过程已经不需要汇报了，因为上级已经听到了他最想听到的内容。

这样做的另一个好处是，在汇报过程的时候，难免会介绍背景，甚至难免会提到项目有哪些困难。想想看，上级是不希望听到困难的，他想要的只有结果，除非你真的需要他的帮助。

公众演讲：
五种方式，呈现精彩开场

巴菲特曾说过，让身价翻倍，最直接的方法是掌握演讲的技巧。

彼得·迈尔斯是斯坦福大学沟通力与领导力讲座教授，他在《高效演讲》一书中写道：演讲内容、演讲风格、演讲状态是高效沟通中最重要的三件事情。而一个好的演讲的设计结构应该是由"坡道—发现—甜点"组成的。

"坡道"是演讲的开端。坡道构建得好不好，观众是不是"上道"了，往往决定了一个演讲的成败。

一般来说，"坡道"有三方面的作用：

1. 与观众建立关联性。因为观众最在意的是"这跟我有什么关系"，或者"这对我有什么好处"。

2. 把观众带入场景或者主题，通俗的讲就是带入感。稍微盘点一下你就会发现，凡是能让观众有"同呼吸、共命运"感觉的演讲者都达到了他们的目的，无论是马丁·路德·金在《我有一个梦想》演讲中振聋发聩的呐喊，还是丘吉尔在《我们决不投降》演讲中的慷慨陈词，抑或是影片《勇敢的心》里威廉·华莱士在战前动员演讲中发出的灵魂拷问，他们演讲的代入感都非常强。

3. 调动观众的情绪，吸引观众的注意力。这是一个信息过载的时代，因此也是一个争夺注意力的时代。注意力在哪儿，生产力就在哪儿。什么是演讲的生产力？掌声、欢呼声，以及观众全神贯注的眼神和微微前倾的身体。

怎么判断你的坡道好不好呢？如果观众在你开场时聚精会神，并且在需要的时候积极与你互动。这样的互动包括但不限于鼓掌、回答问题、参与活动等，这就表明你的开场不错！他们"上道"了。

研究表明，人们大多数时候最关心的是自己。因此，要想一开场就能勾住观众的心，讲的一定得是关于他们自己的事情或者是他们非常关心的事情。

来看一个例子。十一黄金周刚过，你要作一个《为什么要旅游》的演讲。下面有两种开场白，你觉得哪个更好一些？

第一种：大家好！旅游的好处不言而喻。我本人就很喜欢旅游，我曾经去过很多国家，比如法国、意大利、澳大利亚……

第二种：大家好！十一黄金周刚过，看到大家都神清气爽，我在现场做个小调查：有多少人出去玩了？

现场有 80% 以上的人都举起了手。

出去玩开不开心？

大家几乎异口同声地回答"开心"。

很明显，第二种开场白更亮眼，更能抓住观众的心。因为你营造了一种参与感，人人都可以参与进来，并且乐在其中。

下面是我建议的五种开场方式，希望能够有效地帮助你在一开场就抓住观众的心。

1. 提出问题：提出的问题，既要与主题有关，又要能将观众带入。比如，你演讲与数字化有关的主题，你可以问大家使用手机 App 的问题。你演讲与健康有关的主题，你可以问大家体检了没有，等等。

2. 讲述故事：讲故事对于各行各业的重要性相信大家都很清楚，我们不仅要讲故事，更重要的是要讲好故事，把故事讲好，就能让观众身临其境。

3. 利用热点：这些热点是大家非常关注的。比如你开场就说：关于新冠肺炎全球疫情走向，下面这段分析是我听过最权威的……想想看，听到这些时，大家会不会伸长脖子，屏气凝神地听下去。

4. 制造悬疑：人是好奇的动物，你可以利用一些夸张的事实和数据引起观众的好奇心，吸引他们的眼球和注意力。比如，做一个科普的演讲，你可以这样开头：经常看到某些健康指南建议："您应该每周保持 150 分钟以上的温和运动""要有 75 分钟的剧烈运动"等，这些看似标准的答案，真的靠谱吗？数据显示，人们的无效锻炼高达20%，甚至对于某些人来说，跑步并不能为他的身体带来任何改变。很惊讶吧？我们一起来看看科研界最新的研究成果……

5. 引经据典：古今中外，有太多的经典名句本身就给人们带来了无限的遐想，巧妙地引用经典名句开场，往往很容易迅速抓住读者的注意力，然后大家就会带着浓厚的兴趣继续听下去了。

最后，回到我们的主题和关键知识点，要想构建一个好的坡道，要想在演讲时拥有亮眼的开场，抓住观众的心，就务必要围绕着观众自己的事情或者是他们非常关心的事情展开。这可以通过提出问题，讲述故事，利用热点，制造悬疑和引经据典来实现。接下来，我将奉上两篇我在以前的公众演讲中用过的开场白。原汁原味，现场效果都很棒！

构建坡道案例一（制造悬疑） 打造绿色供应链

最近，我在领英上看到一幅漫画。

一个水母宝宝看到了一个被丢弃到海里的塑料袋。心里想："咦？是妈妈吗？"因为这个塑料袋从外形上看像极了一只水母。

如果我让你接下面的剧情，你会怎么接？你能想象如果这个塑料袋被水母宝宝误认为是妈妈会有什么后果吗？你见到过因为食用了大量的塑料制品而死掉的海洋生物和鸟类吗？你还记得那篇刷屏的热文"我们丢弃的塑料袋，终将被我们自己吃掉"吗？我们扪心自问：为了拯救地球，我们自己身体力行地做了什么？

构建坡道案例二（引经据典） 采购未来领导力

那是最好的时代，那是最坏的时代，那是智慧的时代，那是愚昧的时代，那是信仰的时代，那是怀疑的时代……在著名的小说《双城记》中，作者查尔斯·狄更斯表达了他在时代和未来面前的复杂的情感。

现在，如果我让你描述一下，哦，不，是请你为未来"创造"三句话，你会怎么说、怎么写？无论你说什么，写什么，未来都正在来到……

它以VUCA的方式出现——易变的，不确定的，复杂的和模棱两可的。看看周围，想想近期发生的事，黑天鹅事件不再罕见，灰犀牛也已经成为"宠物"。作为采购的领导者，如何首先在这个VUCA时代生存下来，然后将你的组织带入正确的轨道？

即兴发言：
做好"四有"青年，你定能脱颖而出

　　说起即兴发言，大家都不陌生。一般是指在事先没有准备地情况下，突然需要你针对某个问题表达自己的观点，谈出自己的看法或者表达自己的某种情感。它考验的是你的口头表达能力和临场应变能力。

　　即兴发言经常发生在公司会议、部门会议、颁奖晚会、新年晚会、婚礼、家庭聚会、同学小聚、单位联欢、茶话会、街头采访等场合，讲话内容通常是总结、感受、感言、致谢、欢迎、倡议、告别、答谢、祝酒、评论，等等。

　　在日常工作和生活中，我们有太多"遭遇"即兴发言的时刻。有时候是主动的，但更多的可能是被动的。比如：

　　工作会议后，老板点名要你谈一下针对这次会议的感想和收获。

　　圆桌论坛上，主持人突然问了你一个你没有任何准备的问题。

　　晚会上抽中了奖，主持人要求你发表一段获奖感言。

　　参加一个行业峰会，突然被记者邀请即兴说几句。

婚礼典礼上，主持人请你给新人送上祝福。

……

所以你应该看出来了吧？即兴发言存在于工作和生活中的方方面面，绝对是必备技能之一。可是实际上，经常有朋友找我吐槽说，即兴发言对他们真的很难，难点主要集中在：没有准备、没有思路、没有信心。

没有准备，是因为即兴发言大多是现场临时"中签"的，所以你的注意力压根儿不在这上边，如果突然被人邀请难免会让人感觉措手不及。

没有思路，可能是因为你对即兴发言的主题不了解，再加上可能之前也没怎么认真听讲，所以不知道从哪儿开始，中间讲什么，怎么结束。

没有信心，可能是因为平时没有刻意练习即兴发言这一技能，所以临时被"抓壮丁"更容易慌张。当然，我们前面提到的没有准备、没有思路和没有套路也会让你没有信心。

这里，我介绍给大家一个"一招鲜，吃遍天"的"3T（T-T-T）"法则，也就是"Thank you（感谢）""Theme Focus（聚焦）""Tipping Point（燃情）"。

第一个 T 是 Thank you（感谢）。

首先，表示感谢一定是没错的，即使你因为被临时邀请做即兴发言，心中有一万个不乐意。

你可以感谢邀请你发言的领导、主持人、主办方，台下的观众、今天的场合，或者跟你的发言内容有关的某一个热点事件或者话题。表示感谢一方面会让你看起来专业而有礼貌，另一方面也可以为你赢得一点时间，思考下面要说的话。

举例 1：感谢主持人给我这次发言的机会，我对这个问题不是特别了解，说得不对还请大家原谅。

举例 2：感谢各位领导、各位同行参加今天的研讨会，听了大家刚才的发言，我深受启发。

举例 3：首先，感谢班主任老师为我们这些家长创造的沟通机会。其次，感谢各位家长在这次沟通会上的真知灼见。最后，尤其要谢谢各位小朋友们的精彩表现！

第二个 T 是 Theme Focus（聚焦）。

发言的内容要聚焦主题，不能跑题。没有人喜欢"满嘴跑火车"的人。即使你认为自己只是即兴说说，但端坐在下面的观众们可是在认真聆听。而且，紧扣主题会保证你发言的方向正确，同时也更有利于你掌控时间。

要想紧扣主题，一个好用的方法是，重复之前领导和演讲者发言中提到的与会议主题相关的重点。

举例 1：刚刚李总在讲话中一直在强调复工后，员工的防护要做到位，健康状况要随时关注，食堂的配餐要增加品种，等等，这些举措都体现了管理层对员工的关怀。

举例 2：今天大会的主题是围绕着"绿色发展，合作共赢"展开的。我想分享一下我们公司是怎么与供应商合作，从源头就关注绿色发展的……

举例3：这次业绩会议上给我印象最深的，就是我们的销售团队在外部竞争异常激烈的情况下，实现销售额翻倍。必须为你们鼓掌喝彩！

第三个 T 是 Tipping Point（燃情）。

引爆点、渲染观众的情绪是关键。如何在即兴发言中将观众的情绪引向高潮甚至引爆，这不仅是个技巧问题，更决定了你即兴发言的成败。这里面的一个技巧是创造情感共鸣，和现场的观众形成情感共同体。

举例1：最后我想说的是，这个项目确实是时间紧，任务重，对我们各职能部门的考验很大！但是同时，从过往打硬仗的经历我有理由相信，我们一定可以完成任务！项目完成的结果关系到公司在这个领域是否还能保持领先，也关系到我们的项目团队能否继续保持 100% 的执行率。大家加油！

举例2：希望各位与会代表和我一样，畅所欲言、各抒己见。我们现在的百家争鸣，一定会换来以后的百花齐放！

举例3：最后，我祝愿在座的各位都能持续精进，让我们每个人都有选择的能力！

3T 法则的应用实例

（背景：职场中很常见的会议后被领导点名发言）

"谢谢领导给我这个机会！下面是我一些粗浅的理解，说的不对的地方请领导和同事们指正。我觉得这个复工动员大会开得非常成功！面对疫情，组织上给予的温暖大大提高了我们的积极性，王总提到的灵活办公的方法和工具很实用！我回去就准备操练起来。疫情还在持续，相信每位小伙伴在做好自我防护，保持健康的同时，一定会加倍努力地工作！最近常常听到朋友们说的一句话就是：只有公司活下去，我们才能活下去！大家一起加油！"

下面掌声一片……

最后再谈一个话题：如何让你在即兴发言中脱颖而出？

要想在即兴发言中脱颖而出，就要做一个"四有"青年，也就是有准备、有态度、有内容、有逻辑。仔细揣摩你会发现这是一个由虚到实，由表及里，由粗到细的过程。

1. 有准备：是指万一需要你做即兴发言，事先是要做一点准备的。你可能要问了：我不知道会不会要求我发言啊？怎么做准备？这个不难，开会的时候，用心去听会议的主要内容和观点，然后把它们稍微组织一下，变成你自己的话，再用"3T"原则表达出来即可。

2. 有态度：是指你的言谈举止和精神面貌，既要满满的正能量，又要和发言的主题和场合很搭。比如，比较严肃正式的主题和场合，你的态度就不能是吊儿郎当的。相反，比较随意轻松的主题和场合，你就别不苟言笑，还上纲上线。另外，让你发言你就大大方方地讲，不拘束，不轻视。

3. 有内容：是指你的即兴发言要言之有物。这个"物"不仅是指之前准备的会议要点，还指可以延展的部分，也是可以创造机会让你脱颖而出的部分。没有任何一场优秀的演讲是"裸奔"的，所有出彩的即兴发言其实都是有准备的。只不过很多准备是日积月累形成的，并不是在现场做的，所以在外人眼里，好像真的就是那么即兴地说出来，而且还说得很好。

4. 有逻辑：是指你的内容是有前因后果，环环相扣的。而不是东一句，西一句。没有逻辑的即兴发言会让听众摸不着头脑，从而很快失去焦点和兴趣。

最后，分享一个关于我的真实经历：

有一次我和老板参加一个行业峰会。按照原计划，老板被邀请做一个 10 分钟的分享，而我事先并不知道老板要分享的内容。事不凑巧，老板那天临时有事去不了了。于是我跟主办方沟通，要求取消这个 10 分钟的分享，主办方也答应了。

那天我一个人去参加了峰会，还坐在第一排。我一边听大会主席精彩的开场致辞，一边琢磨着：如果此时让我做个 10 分钟分享，我会说点儿什么呢？正想着，突然听到主持人报幕：下面，让我们以热烈的掌声有请 × 公司的卢先生给我们做个主旨分享！

我没听错吧？老板没来，分享不是已经取消了吗？我一边心里嘀咕着，一边看到主持人和大会主席都在向我招手致意。坏了！我还真的没听错！

怎么办？此刻已经没有退路，于是我打起精神，大踏步走上舞台。站在舞台中央，我深吸了一口气，微笑着快速扫视全场的观众，然后开口：

非常感谢大会主席给我们×公司这次主旨分享的机会！我很认同李总在发言致辞中提到的要加强供应链协同，提高不同层级供应链的可视度，以及加大步伐推动数字化转型这几个重要的举措。

本次峰会的主题是：打造高效能的供应链生态系统。上面提到的几个举措都是峰会主题的重要组成部分。而我们公司虽然一直深耕在传统的制造业，但是已经在两年前率先启动供应链数字化转型，截止目前不仅一切进展顺利，而且已经初见成效……

最后，我想跟在座的各位同行们说，未来企业与企业之间的竞争是供应链和供应链之间的竞争。得供应链者得天下！我们都是供应链人，让我们一起加油！谢谢大家！

在我鞠躬谢幕的时候，全场响起了热烈的掌声。我的结尾发言显然成了一个燃爆点。

商务谈判：
商务谈判中的取势、明道和优术

作为最重要的商务活动之一，商务谈判无处不在，而且它的重要性也是不言而喻的。

谈判是全世界赚钱速度最快的方式。世界谈判大师罗杰·道森曾经在几分钟内就赚了数千美元，因为他成功地将他的产品卖出了更高的价格。当然，谈判也可以是全世界省钱速度最快的方式。想想看，如果你是买方，用一次谈判就可能为公司节省几千万元。

要想做好一场商务谈判，必须要有一套好的策略。谈判策略分为开局策略、中期策略和后期策略。

"良好的开端是成功的一半。"开局策略让谈判按照你的规划展开。所以，你提出的要求、设定的规则、表现的态度，都必须是你精心策划的一部分，它应该包含了谈判的所有因素。

中期策略让谈判按照你的意图发展。在这个阶段，谈判逐步进入深水区，情况变得更加复杂，双方各有企图。随着不断周旋，博弈进入胶着状态，你要应对这些压力，掌控谈判节奏和局面。

后期策略让你得到你想得到的东西，达成交易。同时，让对方觉得他也赢了。所以这是一个双赢的结局。你需要知道该如何有条不紊地控制进程直到终点，而不会让谈判在最后阶段充满各种不确定性。管理能管理的，让双方都拿到确定性的结果是双赢结果的基本条件。

大家还记得 2019 年曾经刷爆朋友圈，被网友们称为"最经典的价格谈判""砍价砍到灵魂里""值得每个人学习"的医保药谈判吗？这个谈判过程就很好地应用了开局策略、中期策略和后期策略，并且最终达成了双赢。

开局策略——第 1 回合。

卖方：小马过河。

买方：以静制动。

买方："谈判的标的是药品——达格列净片。报价有两次，如果两次达不到我们的心理价位，那就自己出局。另外，整个谈判过程，我们是全程录音录像的。"

分析：买方开诚布公、首先明确了"游戏规则"，设定了报价的边界。全程录音录像一方面是保证谈判过程透明、合规；另一方面会对谈判双方，尤其是卖方的行为形成一定的约束。（注：达格列净片是治疗 2 型糖尿病的新药，降糖效果好，以往目录内没有此类药品。）

卖方："其他的客套话我就不讲了，我们第一轮报价是 5.62 元。"

分析：卖方报完第一轮价格，目光紧紧盯着买方。相信这一点买方一定是捕捉到了！这样的目光表达了一种迫切和渴望，夹杂着些许不安——不知道是不是报得太高了？结果证明，卖方第一次报价没有在医保谈判价格范围内。卖方谈判代表马上重新快速调整报价。此时，卖方的不安加剧了！

中期策略——第2回合。

卖方：小试牛刀。

买方：以逸待劳。

卖方："我们第二轮报价，我们报……对！4.72元。"

分析：卖方报价时，故意或者不经意地放慢了节奏。说"对"这个字的时候，一方面是在给自己打气，同时也是暗示买方"我们很确定这个价格很不错"。（注：这款药，国际价格是7元/片—8元/片，企业第二次报价是4.72元）

买方："第一轮报价，要恭喜你们进入到我们15%的范围之内。这让我们有机会也有可能继续坐下来谈。药是好药，而且之前也进入了国家基本用药目录，得到了专家认可，但是下一轮的报价或价格的下降幅度，我觉得你们需要适当再考虑一下。"

分析：总体是在强调机会来之不易，机不可失时不再来。比如，恭喜卖方入围15%这个范围给予了卖方极大的自信心。提到15%这个数字则是在说明能入围的企业是绝对的少数！要珍惜这个结果。说"我们有机会也有可能继续坐下来谈"是在放长线钓大鱼。"你们需要适当再考虑"则是强调价格还是太高，要拿出诚意。同时，笼统地说让买方再考虑一下，这是牢牢地将控制局面的主动权抓在了己方手里。

中期策略——第 3 回合。

卖方：欲擒故纵。

买方：步步为营。

卖方："4.62 元，过了这个价我就要打电话，我没有授权，这是最低的价格。"

分析：买方对于药品的肯定大大增强了卖方的自信心，卖方谈判代表迅速将价格降至自己被授权的最低价。不过他心里很清楚，这还不够。所以末了他补了一句："过了这个价我就要打电话。"其实这是个谈判过程中常常用到的技巧：利用上级。意思是说，谈判到了一定程度之后，再往下走需要上级批准才行。卖方一般利用这个技巧，期望尽可能守住底线，买方则是暗示这个价格己方无法接受。

卖方："4.62 元，我觉得你们还是有降价的空间。中国这么大的市场，你再去跟你们一把手申请一下吧，给你 5 分钟时间，好吧？"

分析：谈判中，买卖双方都有各自的砝码。对于买方，中国这个大市场无疑是卖方渴望进入的。只给 5 分钟用于请示和决定是为了避免夜长梦多。买方继续在谈判中占据着主动权和主导权。

中期策略——第 4 回合。

卖方：一鼓作气。

买方：晓之以理。

买方："4.5元。再下调3个点，这都是一分一毛算出来的……"

此时卖方的一位女士插话了："这个价格都已经比韩国还要低了。"

买方："但是你有没有想过韩国多少人口，中国多少人口？现在是整个国家来和你进行谈判，并且我觉得国家谈判，好处很多。比如，你们会第一次进入全国各地的招采平台，也就是能够保证你的药品能够第一时间进入我们各大医院。所以我觉得你们再尽可能拿出一个诚意，再给我们往下调调，好吧？"

卖方："那还得再打电话。"

分析：买方说"……这都一分一毛算出来的……"是在说明降价空间已经很小了。卖方女士插的那句话不是加分项，用我们采购的专业术语叫"不是同等条件下的比较"，所以很容易被对方利用而处于劣势，机智敏捷的谈判专家自然不会放过这个好机会。虽然制药企业给出了4.5元的全球最低价，但是国家医保部门谈判前已经全面了解了药品在全球的销售价格，再结合中国的患者人群数量，测算了谈判底价。

后期策略——第5回合。

卖方：势在必得。

买方：动之以情。

卖方："越到后面越艰难，还是会让。但是，能给我让的空间越来越小了，所以现在是给我报4.4元。"

买方："4.4元，这样吧，4太多，我认为听着难听，再降4分钱，4块3毛6，行不行？"买方代表谈判后接受采访时说："每降一分钱，对全国老百姓来说可能都意味着每年可以节省几十万，甚至几百万。"

卖方："好，同意，接受。"

买方："那我们就定4.36元了（成交）。希望你们继续生产好药，为我们老百姓造福。"买方代表再次肯定企业的价值，同时，用憨厚的一笑将动之以情的策略进行到底。

分析：卖方说"越到后面越艰难，还是会让……"这句话的言外之意是：我们势在必得！所以到了这一刻，卖方已经完全被买方牵制住！最后，双方达成了交易。卖方拿到了这笔生意，买方拿下了想要的价格。

当然，台上一分钟，台下十年功。谈判高手看起来举重若轻的样子，其实早在暗地里下足了功夫。比如在此次医保药谈判中，买方的谈判代表在取势、明道、优术这三个方面下足了功夫，充分做到了有备无患、有的放矢和有始有终。

1.取势：有备而来。"势"是指事物或者环境演变的方向。比如，为了促进经济发展，防止衰退，国家采取了减税政策。再比如，为了提高效能和竞争力，供应链战略已经成为国家战略。

此次医保药谈判中的取势：中国市场，有备而来。

①"灵魂砍价"中的第一个"势"是中国庞大且不断壮大的市场规模。一旦被纳入医保，它意味着海量的商机和无限的可能性，经济效益相当可观，这让任何一家企业都没法儿不心动。并且，除了经济效益，他们深耕这个庞大市场所带来的口碑和数据价值更是不可估量的。

②"灵魂砍价"中的第二个"势"是充分的市场调研和价格核算。基于医保基金的可承受程度和药品的性价比，国家医保局从专家库中随机抽取了药物经济学专家和基金测算的专家进行专业测算。药物经济学专家负责找到最合适的测算方案和最利于谈判的价格。与此同时，基金测算专家在同步测算药品谈判成功进入医保之后，对医保基金的影响进行分析。

通过药物经济学专家和基金测算专家这两组专家的共同测算，各个药品的谈判底价才最终确定。这个底价决定着谈判是否能够成功，也是医保部门谈判的底牌。

这个过程其实就是我们采购里的"应该成本"。手里有底牌，心中才不慌。所以你看，要想做好谈判，第一，手里得有对方需要的砝码。第二，得有底价这张底牌。

2. 明道：有的放矢。"道"是指事物运行的规律和关系。比如，国家减税后将促进制造业的发展；供应链战略成为国家战略后将促进供求双方形成更多的战略伙伴关系。

此次医保药谈判中的明道：以量换价，有的放矢。

①"报价有两次，如果两次达不到我们的心理价位，那就自己出局。"视频里，参与谈判的专家一开始就开诚布公、明确了"游戏规则"。这个规则也一语道破了利害关系：两次报价不达标，就没机会了。

②"……但是你有没有想过韩国多少人口，中国多少人口？现在是整个国家来和你进行谈判，并且我觉得国家谈判，好处很多。比如，你们会第一次进入全国各地的招采平台，也就是能够保证你的药品能够第一时间进入我们各大医院。"话外音：如果达不到我们的心理预期，后果很明显；并且，这里也明确了：我们要以量换价，这个价就是全球最低价。

3. 优术：有始有终。"术"是指具体的方式、方法、策略、工具。比如一个品类是单源采购还是多源采购，再比如采购数字化转型的工具和途径。

此次医保药谈判中的优术：柔中带刚，有始有终。

不知道大家有没有注意到，医保局的谈判专家在整个谈判过程中：

① 没有主动还过价。相反，他只是一味地给药企代表摆事实、讲道理，一直在取势和借势。比如这句："……药是好药，而且之前也进入了国家基本用药目录，得到了专家认可，但是下一轮的报价或价格的下降幅度，我觉得你们需要适当再考虑一下。"

② 通过限定时间来制造紧迫感。比如："……你再去跟你们

一把手申请一下吧，给你5分钟时间，好吧？"

③谈判中的语气始终是商量的、引导的，话术则是晓之以理、动之以情的，但同时也是不卑不亢的。我们都知道，越是高级别的谈判，横眉冷对越不能解决问题。比如"你们再尽可能拿出一个诚意，再给我们往下调调，好吧？""再降4分钱，4块3毛6行，不行？"

最后确定价格之后："希望你们继续生产好药，为我们老百姓造福。"一句话，既肯定了成绩，也表达了感谢，有始有终。

整场"灵魂谈判"下来，你会发现，有备而来的取势奠定了基调，有的放矢的明道占据了先机，有始有终的优术促成了胜局。

取势、明道、优术，既是一种策略，也是一种话术。你学会了吗？

电话营销：
电话营销成功的 7 个要素

看到"电话营销"这四个字，你的第一反应是什么？估计不少人会想：都什么年代了！还有电话营销吗？

当然有，而且还不少。比如：银行推销理财产品，电信服务商推销新的服务项目，4S 店推销新的产品和 App，你的保险顾问给你推销新的险种，财产保险公司提醒你给你的爱车续保，置业中介问你的房子租不租、卖不卖……

电话营销难做吗？不止难做，而且非常难做。因为大多数电话营销都是"冷推销"，或者叫"陌生电访"，意思是通话的双方在通话前并不认识彼此。在没有任何身份证明，也没有机会出示任何商业契约的情况下，仅仅通过声音就让客户建立起强烈的信任感，这无疑是件非常困难的事情。想想看，如果你是一个电话营销专员，你现在不仅要给一个陌生人打电话介绍自己，而且还要向他推销你们公司的产品，对方会不会根本不接电话？或者听了你说第一句就挂断？甚至把你大骂一顿？……是不是想想就会发怵？反过来，如果你是客户，突然接到一个陌生来电，联想起最近的电话诈骗案件，心中会不会升起一丝不快？

然后硬着头皮接起电话，发现对方以极快的语速向你推销产品，全然不顾你的感受。于是你只好说"抱歉，不需要""对不起，我很忙""在开会，现在不方便"……挂了电话。

叮铃铃，我的手机响了。屏幕上显示是×财产保险公司。我已经连续几年在这家公司为我的车上保险了，最近保险期限临近，我正琢磨着要不要换一家保险公司。作为一名消费者，货比三家是很有必要的。而这家保险公司最近几天一直在给我打电话，只不过因为工作时不方便，我一直没有接听。

"怎么又来电了？还真够执着的。每年都来一通电话营销，生怕我不在你家买保险了是不是？不过今年我还真不一定在你家买。"尽管心里这么想着，我还是接听了电话。

"您好！请问是咱们 A 先生吗？"这位车险顾问的一句"咱们"，瞬间就拉近了我们的距离，虽然这是我们第一次通话。另外，他语音洪亮，吐字清晰，并且非常准确地说出了我的名字。

"您好！是我。"我回答。

"A 先生您好！我是 × 保险公司的小赵。今天冒昧打电话来是想给您介绍一下您给您的爱车续保可以享受的优惠。不知道您是否方便？"陌生来电，当然要第一时间自报家门。另外，介绍自己的前 10 秒说不出有吸引力的主题，这个电话营销恐怕就要失败。不过，我在这个电话里听到了"优惠"两个字。

"好啊！请你介绍一下吧！"人家抛出可以享受优惠的橄榄枝，我自然顺水推舟的至少要听一听。

"谢谢 A 先生！您作为我们的老客户，公司层面已经给予了您最大的保费优惠，总计 600 多元。而我作为老坐席，手里有一些额外的资源也想给到您。我可以给您做个特殊的申请，这样到手的优惠有 700 多元。然后您看，虽然您的保险全款是 2700 多元，但您只要交 2000 元左右就把今年的保险全办下来了。"

从小赵的这段话里，我又听到了几个关键字，比如"最大的保费优惠""额外的资源"，这些都说到我的心坎儿里去了。

"还有一件事，我要跟 A 先生您说一下：我这两天密集地给您打了几个电话。如果有打扰到您，先给您道个歉。一直打电话是因为刚才提到的优惠政策这两天刚下来。其实根据您的保险期限，8 月初就可以续保了，或者再过一两个月跟您联系也可以。不过这两天这个优惠政策下来了，我一看多好啊！给您算了一下发现一共能省 700 多元，比去年多省了 300 多元，而保费差不多。这么好的优惠政策这几年越来越少了，所以我就一直尝试联系您。"听他这段话，有没有感觉像是一个老朋友在苦口婆心地给你介绍一个省钱的路子？你舍得拒绝吗？

"感谢，感谢！请问这个优惠政策是什么时候截止啊？"有点儿被打动是真的，但是也不能贸然行动啊。

"A 先生，这个确实不好说。因为政策一直在变，一旦调整，优惠幅度肯定要下调，大概率是只有商业保费的 20%。您的商业保费是 1400 多元，算下来优惠只有 280 多元。而现在办可以优惠 700 多元。我们现在是每天早晨根据上级发来的指示来执行相应的政策，今天还能享受这个特别的优惠，明天确实就不知道了。"

"赵先生，谢谢你的介绍！你的电话营销技巧功力深厚。"我不禁发出这样的感慨，同时在心里想：什么"饥饿营销"啊，"催促成交"啊，人家都用上了，不过人家也确实做到了事实加数据，讲得一板一眼，有理有利。

"A 先生您过奖了！我做这个 8 年多了。做了这么多年，我总结出一条铁打的经验：什么事都将心比心地去说，事情自然而然就能说得通。可能您最终并不一定在我这儿办保险，但您会对我们公司有一个认可，我觉得这个是最重要的。说起优惠政策，实话实说，我们公司的优惠政策并不一定是最多的，也不一定是最好的，因为有一些小的保险公司的优惠政策并不比我们的少。但是为什么我们还会介绍给您呢？因为首先，根据我们客服调查的结果，我们的客户投保时主要考虑三点：第一个是品牌；第二个是服务；最后一个才是优惠。在前两个得到客户的肯定的同时，我们也希望能够给到您一个最大的优惠。其实，您交的保费是给我们公司的，公司的优惠是给您的。但是如果我不向您介绍，您可能就不知道有这个优惠，自然也就享受不到这个优惠。其实做营销也是做人情，我这次能给您多争取一点儿，您就有可能帮我介绍一些朋友过来，明年我再给您打电话续保的时候，您也愿意听我说。您说是不是？"

"嗯！赵先生，你说的很好，每句话都直指人心啊！"我又一次由衷地赞叹。

"A先生您过奖了！在具体地给您操作保费续保之前，想给您提一个小小的建议：您的保费里的人员险要不要考虑提高一点儿？您知道，车险里必保的险种就两个：一个是第三者责任险；一个是人员险。这两个险种在保险里是涉及巨额理赔的。尤其是您现在在上海，我之前在上海工作过一段时间，发现大多数客户投第三者责任险都会投到100万，甚至投到200万的也有。这里我想提醒您：人员险千万不要1万、2万地投保，这样保基本等同于没保。因为如果您给对方保100万，只给自己投1万、2万是完全不够的，当然保费也不贵……"

"谢谢！我正好有这方面的需求，现在路况太复杂，两个险种的保额都应该增加。你真是雪中送炭！"

一次电话营销就这样愉快顺利地达到目的了。

当然，现实生活中，并不是每一个电话营销都能皆大欢喜。那么，电话营销成功的要素是什么呢？

1.调整心理预期。

预设对方可能不接你电话，或者虽然接了电话但态度很差。如果没有任何心理准备，而对方态度很差，你可能直接就懵了，然后一整天心情都会很糟。给陌生人打电话做营销，最普遍的精神压力来自"不确定"，即将到来的不确定性的走向会使你的精神不由自主地紧张起来，所以，这个时候调整心理预期就显得很有必要。

2. 打磨行为模式。

调整心理预期相当于有了一颗强大的心脏，能够承受任何可能的结果。下面就是你如何处理从头到尾可能发生的各种状况了。比如对方接了电话但是态度很差，你如果没有熟练的训练过反应和话术，你一样可能会不知所措。所以你要开发一套适合自己的行为模式，包括你的动作、反应、话术、开始、结尾，等等，而且要训练地形成一种习惯，确保在实践中不假思索而且一气呵成。如果对方表示出兴趣，那么恭喜你！可以进入下一步了。

3. 开场富有热情。

"您好！我是××公司的××。现在想冒昧地占用您5分钟时间给您介绍一个物超所值的优惠活动……"一段开场白拉开了电话营销的序幕。虽然两个人身处电话两端，但实际上对方是像机器人一样在照本宣科，还是态度热情诚恳，电话的那头儿一听便知，而这很大程度上决定了客户是否有兴趣继续听下去。此处可以参照一下前面故事中的保险顾问小赵是怎么开场的。

4. 以客户为中心。

管理学大师彼得·德鲁克说："世界上之所以有鞋匠，不是因为鞋匠需要钱，而是因为人们需要鞋。"所以，电话营销也要切实把"以客户为中心"这句话落到实处，真心对客户好，处处为客户着想。

我们再来回顾一下保险顾问小赵是怎么践行以客户为中心的："还有一件事，我要跟 A 先生您说一下：我这两天密集地给您打了几个电话。如果有打扰到您，先给您道个歉。一直打电话是因为刚才提到的优惠政策这两天刚下来。其实根据您的保险期限，8 月初就可以续保了，或者再过一两个月跟您联系也可以。不过这两天这个优惠政策下来了，我一看多好啊！给您算了一下发现一共能省 700 多元，比去年多省了 300 多元，而保费差不多。这么好的优惠政策这几年越来越少了，所以我就一直尝试联系您。"

5. 靠量取胜。

文章开头的故事中，保险顾问小赵坚持打了好几天电话，而且每天都打好几个，最后才接通了。有了第一点的预设，你就会知道，并不是每一个营销电话都能被接听，想成功营销就更难了。但是成功需要量上的积累，电话打得多了，接通率自然就提高了；接通率提高了，赢单就有机会了，虽然它们之间不太可能是线性关系。

6. 以专业服人。

做电话营销，多数时候你们双方并不认识彼此，这时候专业性就显得尤为重要了。我常常说："因为有专业，所以被信任。因为够专业，所以被尊重。"保险顾问小赵就是以他的专业帮我解决了问题，还因此赢得了更多的业务。

7. 注重电话礼仪。

礼仪是电话营销技巧的基础，其中最重要的是行为、用词、声音和表情。

行为上，一是不能打断客户的话，和客户抢话。二是不要只顾着自己说而不在乎客户的反应。在讲话的过程中要尽量注意停顿，以便及时地获取客户的反馈信息。这既是尊重对方的一种表现，也能够更加了解客户的需求。三是聊天结束时等到客户先挂断电话，然后自己再挂断。

用词上，多用尊称，比如"您""先生""女士"，另外，不要用"不知道""不明白"等字眼来搪塞客户。

声音上，良好的声音可以使客户心情愉悦。比平时说话稍大的音量可以营造更好的通话气氛，而加入必要的抑扬顿挫效果会更好。

表情上，你的表情会直接反映到你的声音里。你微笑着说话，客户在电话中也会感受到。

融资路演：
善用 5 个小贴士，精准打动投资人

世界上有两件事最难：一件是把自己的思想放进别人的脑袋，这个教师实现了。还有一件是把别人的钱放入自己的口袋，这个融资做到了。今天我们就聊聊怎么通过路演融到投资人的钱。

既然邀请你做路演，投资人应该是看过你们的商业计划书，对你们的产品有了一定的了解和认可。路演的过程，一方面是投资人为了进一步了解产品，更重要的是看你和你的团队是否靠谱：你们准备怎么把商业计划书里描绘的宏伟蓝图落地到实处——请告诉我你的收入模式，为什么说它靠谱能落地？

这么看起来，路演的时候投资人只看两个方面，问几个问题。这听起来很简单吧？可是世界上没有一次成功是简单的。

路演一般分为三个部分：

1. 路演前准备。

2. 展示和演讲。

3. 问答环节。

有的人被困在第一部分——对投资人不够了解，对融资的过程知之甚少，PPT 做得一塌糊涂。有的人折戟在第二部分——展示的时候重点不突出，演讲的时候没有故事，甚至都说不明白自己的项目到底是干什么的。有的人倒在了第三部分——没能理解问题所以答非所问，回答问题缺乏技巧，回答解释没有说服力。

下面我将就每一个部分的一个关键痛点进行深入剖析并给出解决方案。

痛点一：PPT 的内容展示部分结构不清晰。

一份商业计划书包含的内容非常多，通常有：为什么要做这个项目、要解决的痛点、相应的解决方案、商业模式、为什么能落地、行业和对标的竞对分析、创业团队介绍，等等。要涵盖这些内容没毛病，关键是怎么搭建结构。

路演中有一些 PPT 就是简单的把内容一页又一页堆砌在那里，没有突出的主题，没有清晰甚至完整的结构，也没有强大的逻辑。

路演的整体结构推荐用"5W2H"——What（是什么）、Why（为什么）、How（怎么办）、Where（在哪儿）、When（什么时候）、Who（都有谁）和 How much（多少资源）：

What（是什么）：我们要做什么？我们发现和要解决什么痛点？我们的目标市场？我们的用户画像？我们的商业模式？

Why（为什么）：为什么要解决这个痛点（做这个创业项目）？为什么我们要解决这个痛点（优势）？为什么项目能

赚钱?

How（怎么办）：项目具体怎么落地？怎么解决落地中的问题？

Where（在哪儿）：项目从哪里开始？现在做到哪一步了？

When（什么时候）：项目的整体时间线；项目的盈利时间线。

Who（都有谁）：竞争对手是谁？项目核心团队的资历、角色和分工。

How much（多少资源）：要融多少钱？要投入多少资源？投入—产出比是多少？

痛点二：演讲过程只有事实数据，没有故事。

玛娅·安杰罗说过，人们会忘记你说过的话，忘记你做过的事情，但永远不会忘记你带给他们的感觉。而且情绪波动越强烈，这种感觉就记得越深刻。

一个做盆菜创业项目的创业者 D 先生在人生首次路演的时候非常紧张。因为没有经验，他在刚上台的那一刻就有点儿蒙，紧张到连话筒都拿反了。

D 先生的路演既没有明星助阵，也没有名人加持，但是却吸引了众多媒体、大咖们的关注，很多人听完他的路演后争相加他的微信。一个在场的网友给他留言："说实话，你今天的路演说不上好，但是你讲的故事不仅告诉了我们你的初心，而且深深地打动了我。你给我一种很落地的感觉，听了心里很踏实。"

　　D先生讲的故事是这样的：儿子严重挑食，因为不爱吃蔬菜，所以门牙长得不整齐，拔过几次牙也于事无补。一次D先生带儿子回老家看爷爷奶奶，带他去了后院菜地里捉蚂蚱，还顺手拔了一个萝卜。结果小家伙抱着萝卜就往厨房跑，吵着要奶奶给他做萝卜汤。没想到这么一个小小的举动给了D先生很大触动，他想：如果我天天都能让小家伙吃到他自己种的蔬菜，儿子是不是就不会再挑食了？后来他就开始尝试在阳台"研发"盆栽蔬菜，儿子每天都会给这些蔬菜浇水并且喜欢上了蔬菜，家里的阳台上也多了一个"花园"！

　　有一次D先生的朋友来家里做客，看他种的盆栽木耳长得不错，就要走了一盆，说自己要回去养着吃。朋友还鼓励D先生说："可以考虑把规模扩大，这样不仅能让更多的家庭吃上最新鲜的蔬菜，而且也可以让孩子们参与进来，更接近自然，还能给老人和孩子们创造多动手的机会，成为除了客厅、卧室以外的'第三空间'。"一句玩笑话，再加上儿子的经历，D先生决定创立一家盆养新鲜蔬菜的公司，将绿色和健康送进每家每户。他立志种好每一盆菜，为更多的家庭送去最新鲜、最原生态的盆菜，帮助更多的家庭在自己的阳台上创造出一个专属的"花园"，让每个家庭吃得更健康！

　　遇到需要很多文字解释的东西，比如发现的需求，要解决的痛点，项目的价值等，设计一个故事或打个比方，都比长篇大论实在有效。而且故事情节和创业项目有关，这也是个和现场观众一起做"产品见证"的过程。

打动人心的是故事，扣人心弦的是情节，让人记住的是体验。很多时候投资人没有投你的项目，并不是因为你没有感动他们，而是你都没有说服你自己。

痛点三：问答环节完全乱了阵脚。

答非所问是最常见的"翻车"现象。可能是演讲者没有听清楚，又不想暴露这一点；或者演讲者听清楚了，但是不知道怎么回答，于是硬着头皮，按照自己的理解回答。问题是，如果不理解问题本身，还不如不回答。因为提问的投资人马上就会意识到你可能都没有听懂问题，而如果他提出的是个常规问题或者关键性问题，那这一个回合你就完败啦。

问答环节建议下面的"四步走"：

第一步：仔细倾听——知道对方在问什么。

1. 仔细听清楚对方的问题，一个字都不能漏。

2. 用心听明白对方的用意，尤其是弦外之音。

3. 捕捉到对方想要的回答，避免答非所问的关键所在。

第二步：主动确认——不懂装懂只会害了你。

1. "抱歉我没听清，麻烦您再说一下可以吗？"

2. "请问您是问我们的盈利模式吗？"

3. "这个问题涉及面比较广，您希望我从哪个维度来回答呢？"

第三步：如实回答——事实和数据可以"说话"。

1. 基于已经发生的事实，善用真实的数据。

2. 展望未来目标时要说清楚前提和假设。

3. 回答的时候充满自信，不卑不亢。

第四步：善于请教——也许一字值千金。

1. "这个问题太棒了！我们正在考虑，不过暂时还没有想清楚，请问您可以给我们一些建议吗？"

2. "我们是这么想的，请问您有什么具体的建议？"

3. "谢谢您的提问！我也有一个问题要请教您，不知道是否可以？"

另外，提供几个如何打动投资人的小贴士：

小贴士1：控制时间。

控制PPT的数量。一般来说，一页PPT需要演讲1—1.5分钟。如果你有20分钟展示PPT，总页数控制在10—12页比较合适。

小贴士2：幽默开场。

某知名企业家在纽约的路演以幽默开场，他一上来就说"15年前为融资200万美元，我来纽约，失败而归，15年来我就没放弃过，这次来纽约就是想多要点儿钱回去。"一句话把大家都逗乐了。其实我们从中还能隐约嗅到"当年你让我高攀不起，现在一起进行到底"的味道。

小贴士3：创造参与感。

看魔术表演的时候，魔术师常常把观众请到台上参与节目，和他们现场互动。这样可以给台下的观众创造一种既视感，给台上的观众创造一种参与感。

乔布斯在自己的新品发布会上很少唱独角戏，他经常请各种合作伙伴上来跟他一起讲故事，他甚至曾把比尔·盖茨请上台互动。乔布斯的演讲有时长达一个半小时，但台下的观众并不会感到枯燥，因为他经常在演讲过程中插入一些演示和视频，也会邀请嘉宾出场。总之，他能带给观众一些新意，能让观众感受到充分的参与感。

小贴士4：善用两个工具。

1. 视频短片。

相比较而言，听众更能接受有视频短片的路演。将所要传达的内容以影像的方式展示给听众，往往可以更具体化，更有感染力，也就更能产生意想不到的好结果。

什么样的视频短片更吸引眼球？这个要根据路演的对象和路演者要呈现的价值来决定，所用到的视频短片类型可以多种多样，比如公益片、团队片、产品片、品牌片、情感片、励志片等。另外，视频短片的"颜值"很重要，和路演主题匹配更重要！

2. 实物展示。

《乔布斯的魔力演讲》一书的作者加洛说："多数演讲者只是简单地传达信息，乔布斯的演讲却能点燃激情。"

实物展示几乎是乔布斯每一次路演的必备选项，通过自家产品的实物展示，让听众不仅感受到真实的体验，而且都跃跃欲试。

在发布一款超薄的笔记本电脑的时候，乔布斯在舞台上直接把笔记本电脑装进了信封里，然后说："看！我可以把它装进信封里，因为它太薄了！"

在发布一款便携式媒体播放器的时候，乔布斯说："我一直很好奇，牛仔裤上的这个小口袋是干什么用的，现在我知道了。"然后他就从那个口袋里掏出了小巧的播放器。

现场的实物展示，让乔布斯的每次路演都能起到一石激起千层浪的效果。

盖伊·川崎在《麦金托什风范》一书中写有这样一句话："正确的演示并不需要花费很高的成本，但它却可以对抗你竞争对手的营销和广告效应。"

小贴士5：六"不要"原则。

1. 不要读PPT——路演需要"演"，不是读。

2. 不要面面俱到——控制好时间真的很重要。

3. 不要假装知道——提问的人八成懂行。

4. 不要当场质疑——路演现场不宜树敌。

5. 不要手撕评委——这是你情商高低的体现。

6. 不要妄自菲薄——不是你的项目不行，只是别人不懂而已。

Part Four

第四部分

沟通无处不在，价值无可取代

人生只有一次，时光不能倒流。沟通的最大成本是时间。那么，我们如何在有限的时间里挖掘出沟通最大的价值？那就是让每一句话都值钱，让每一次沟通都变现。

每一句话都值钱，
每一次沟通都变现

每一句话都值钱，是因为每一句话都说到了点子上

有一年，一位宝马女车主不幸被三个绑匪绑架。因为车主看到了绑匪们的相貌，其中有一个绑匪就建议杀人灭口。后来，通过有理、有利、有节的沟通，宝马车主最终成功逃脱，毫发无损。

有理：在被带到出租房的路上，宝马车主保持与绑匪们的沟通。当只剩下一个年轻男子看守她的时候，她开始和他套近乎："你年纪轻轻的，干吗要做这种事情，这会毁了你的前程。如果你的目的是钱的话，我可以都给你。我刚刚30多岁，如果我不在了，我的孩子怎么办？"说到孩子，这个男子开腔了，说自己也有小孩儿。随后，两人互相聊了一些家里的情况。

有利：宝马车主一一告诉那个年轻男子自己哪张银行卡里有钱、有多少、密码是什么，并且表示钱都可以给他。当其他两个绑匪去取钱的时候，她试着说服最后一名绑匪，说她与他之间又没有什么根本矛盾，如果自己长时间不回家，家人肯定报警，到时候反而对他不利，希望他能放了她，并且保证自己到家后不

报警。

有节：整个过程，宝马车主的情绪都比较稳定。该说话的时候说话，不该说话的时候就保持安静。

天下熙熙，皆为利来。每一句话是不是"值钱"，关键就看是否说到了点子上。

每一次沟通都变现，是因为彼此实现了"价值交换"

巴菲特午餐是一项始于 2000 年的慈善拍卖，拍卖所得全部捐赠给一个基金会。虽然说是"巴菲特午餐"，但其本质上是一次与巴菲特单独沟通的机会。尽管午餐拍卖的金额动辄数百万美元，真正能争取到这样的机会还是很难得，因为几乎每一次沟通都成功变现了：

2006 年，已卸任步步高董事长的段永平以 62 万美元的价格拍到了巴菲特午餐。和他共赴饭局的还有黄峥，他后来创立的公司市值一度突破 400 亿美元，超过百度成为中国第五大互联网上市公司。

2008 年，赤子之心中国成长投资基金总经理赵丹阳以211 万美元的价格赢得了与巴菲特共进午餐机会。这个价格直接将上一年度的成交价翻了 2 倍，也是巴菲特午餐首次突破百万美元，当然，这笔投资也很快就得到了回报。赵丹阳在午餐席间向巴菲特推荐了自己重仓的某只股票，并在后来的媒体采访中声称巴菲特表示"会考虑"，就是这句话，让这只股票连续 3 个交易日大涨近 20%，赵丹阳账面盈利达到了 1680 万美元。

2010 年和 2011 年，特德·韦施勒拍下这两顿午餐的价格在 262 万美元左右，而这笔投资早已收到了回报，因为巴菲特非常欣赏他的能力和才华，在第二顿晚餐的饭桌上向他发出工作邀请，特德·韦施勒顺势加入了巴菲特的伯克希尔公司并担任投资经理。次年，他即因优秀的投资业绩获得了 5000 万美元的奖金。

天下攘攘，皆为利往。每一次沟通能否变现，取决于双方是否实现了"价值交换"。

万变不离其宗，"我"是一切的根源

中国古代哲学告诉我们，"取势、明道、优术"是解决一切问题的根本。

"术"是方法和工具，是我们能够驱使和支配的东西。我在本书里介绍的 35 个沟通模型就是"术"，它们分别是：五项修炼、六个工具、七个维度、八个秘籍和九个场景。"优术"就是要不断地打磨它们，直到能够熟练地掌握它们和炉火纯青地运用它们。

"势"是事物发展的形势、趋势和方向，往往无形，所以我们大多数时候是控制不了也改变不了的，但是它的威力很大。顺势而上则事半功倍，逆势而动则事倍功半。所以，正确的做

法是取势。

"道"是事物运行的规律和关系，是我们被什么驱使和支配。"明道"，就是要明确自己的逻辑和定位，不断提高三个方面的认知：

第一，认识自己。

其实，真正能做到认识自我挺难的。你要知道自己的优势是什么？劣势是什么？自己想要什么？能做什么？擅长什么？不想要什么？不能做什么？不擅长什么？

能够回答这些问题之后，你就知道自己该有所为和有所不为了。这从定性的角度决定了你大部分时间是在做对的事，做了正确的选择。我一直都认为，人的一生最重要的一件事就是有能力做选择，同时，选择比努力更重要！另一方面，从定量的角度，因为时间宝贵，虚度不对，所以，要"力出一孔"，聚焦于自己擅长的事。当然，也因为认识了自我，所以你知道你应该读什么样的书，走什么样的路，做什么样的工作，找一个什么样的导师能够让你持续精进。

第二，理解他人。

你可能会问，为什么非要理解他人呢？因为只有理解他人，才有可能接受他们的价值观、方法论、做事的风格、对人的态度，只有你理解了他人，你才能有机会被理解，因为力的作用是相互的。

从更大的层面来讲，只有理解他人你才有机会跟他人合作，你们之间打配合才能做的好，才能一起解决更加复杂的问题。现在的乌卡时代充满了各种不确定性，单打独斗已经无法适应这样的环境，必须依靠团队，而依靠团队的前提就是每个人都必须理解他人。

第三，接纳世界。

接纳世界的本质是适应世界的变与不变。当然，此处"世界"是一个广义的概念，包含了人、社会和自然。

人组成了社会，人之外的其他一切组成了自然。处理好人和人之间的关系靠的是文化和价值观；处理好人和社会之间的关系靠的是制度和秩序；处理好人和自然之间的关系靠的是规律和法则。

"不是我不明白，这世界变化快！"崔健的这首《新长征路上的摇滚》在 20 世纪 80 年代就唱出了那一代人的心声。20 多年过去了，现在呢？人和人之间，人和社会之间，以及人和自然之间都已经发生了翻天覆地的变化。

你能接纳吗？接纳不了，你就无法融入。而人是社会性动物，至少对于要融入社会这件事，绝大多数人是没有选择的，于是就有了各种焦虑的基础，不及早解决就会发展成心理和生理上的问题。

在本书即将结束的时候，送上下面这段话与君共勉：

知之不等于能之，能之不等于行之，行之不等于恒行之。要想让每一句话都值钱，每一次沟通都变现，需要持之以恒地刻意练习。

种一棵树最好的时间是十年前，其次是现在。让我们马上开始吧！